БОЖИЯТА СИЛА

*„А откак свят светува,
не се е чуло някой да е отворил
очи на слепороден човек.
Ако Този Човек не беше от Бога,
не би могъл нищо да направи."
(Йоан 9:32-33)*

БОЖИЯТА СИЛА

Д-р Джейрок Лий

БОЖИЯТА СИЛА by Dr. Jaerock Lee
Published by Urim Books(Johnny. H. Kim)
851, Guro-dong, Guro-gu, Seoul Korea
www.urimbook.com

This book or parts thereof may not be reproduced in any form, stored in a retrieval system, or transmitted in any form or by any means, electronic, mechanical, photocopying, recording or otherwise, without prior written permission of the publisher

Unless otherwise noted, all Scripture quotations are taken from the Holy Bible, NEW AMERICAN STANDARD BIBLE,® Copyright © 1960, 1962, 1963, 1968, 1971, 1972, 1973, 1975, 1977, 1995 by The Lockman Foundation. Used by permission.

Copyright© 2005 by Dr. Jaerock Lee
All rights reserved.

Previously published in Korean by Urim Books, Seoul, Korea.
Copyright © 2004,
ISBN: 8979-11-263-1192-7 03230
Translated by Dr. Kooyoung Chung. Used by permission.

First Published September 2005

Edited by Dr. Geumsun Vin
Published in Seoul Korea by Urim Books
(Representative: Seongkeon Vin)

Предговор

Молейки се със силата на Създателя и с евангелието на Исус Христос, всички хора да изпитат пламенните дела на Святия Дух...

Благодаря на Бащата Бог, който ни благослови за издаването в една книга на посланията от 11тата двуседмична специална служба през месец май, 2003 година. Службата се проведе на тема „Сила" и множество хора възхваляваха Бога.

След 1993 година, малко след десетата годишнина от основаването на Централната църква Манмин, Бог започна да дарява членовете с истинска вяра чрез ежегодните двуседмични специални служби.

С темата на специалната служба от 1999 година – „Бог е любов", ние бяхме благословени от Него. Членовете на Манмин осъзнаха значението на истинското евангелие, изпълниха закона с любов и заприличаха на нашия Господ, представил удивителна сила.

В зората на новото хилядолетие през 2000 година, за да могат всички хора по целия свят да изпитат силата на Създателя Бог, евангелието на Исус Христос и пламенната работа на Святия дух, Бог ни благослови да излъчим на живо службата чрез сателитна връзка Moogoonghwa и Интернет. На службата през 2003 година участваха привърженици на около 300 църкви от Корея и от други 15 страни.

Божията сила е опит да ни запознае с процеса на срещата с Бога и получаването на силата Му, различните равнища на силата, най-висшата сила на Творението, която надвишава човешките възможности и местата, където е представено Неговото могъщество.

Силата на Създателя Бог получават хората, които приличат на Бога, който е светлина. По-нататък, когато духовно се доближат до Бога, те могат да представят силата, притежавана от Христос. Така е, защото в Йоан 15:7, Господ ни казва „Ако пребъдете в Мен и думите Ми пребъдат във вас, искайте каквото и да желаете и ще ви се сбъдне".

Изпитах лично щастието и радостта от свободата след седем-годишен период на болести и агония. За да служа на силата, която наподобява Бога, аз се молих и постих в продължение на дни след като станах Негов служител. Христос ни казва в Марко 9:23, „Ако можеш да повярваш! Всичко е възможно за този, който вярва." Молих се с вяра, защото се уповавах на обещанието на Христос: „Който вярва в Мене, делата, които върша Аз, и той ще ги върши, и по-големи от тях ще върши; защото Аз отивам при Отца" (Йоан 14:12). Чрез годишните служби, Бог ни представи удивителни чудеса и знамения, даде ни безкрайно много отговори и изцеления. През втората седмица на срещата през 2003 година, Бог насочи силата Си към слепите, сакатите, немите и глухите.

Въпреки че медицината е напреднала и продължава да се развива, почти невъзможно е лечението на хората, загубили своето зрение и слух. Всемогъщият Бог представи Своето могъщество и когато се молих от амвона, ефектът на силата на Творението обновяваше мъртвите нерви и клетки и хората отново виждаха, чуваха и говориха. Изкривените гръбнаци оздравяваха, неподвижните кости се раздвижваха, хората изхвърляха своите патерици, бастуни и инвалидни столове, изправяха се и прохождаха.

Чудната работа на Бога преминаваше пределите на времето и пространството. Хората, които гледаха религиозната служба чрез сателитна връзка или по интернет, също изпитаха Божията сила и все още изпращат писма за това.

Ето защо посланието на религиозната служба от 2003 година – на която хиляди хора се прeродиха с истинското слово, получиха нов живот, спасение, отговори и изцеление, изпитаха Божията сила и Го прославяха – беше публикувано в книга.

Благодаря специално на Гюмсан Вин, Директор на Издателското бюро и нейния персонал, както и на Бюрото за преводи за техния труд и всеотдайност.

Нека всеки от вас да изпита силата на Създателя Бог, евангелието на Исус Христос и пламенната работа на Святия дух и нека щастието и радостта да изпълнят живота ви – моля се за всичко това в името на Исус Христос!

Джейрок Лий

Въведение

Важно четиво и съвършено ръководство, за да притежавате истинска вяра и да изпитате чудната сила на Бога.

Отдавам почести и благодарност на Господ, който ни ръководи за издаване на посланията от „Единадесетата двуседмична специална служба с Д-р Джейрок Лий" през месец май, 2003 година, реализирана с великата сила на Бога.

Божията сила ще ви трогне, защото съдържа девет послания от службата, наречена „Сила", както и разказите на множество хора, изпитали лично силата на живия Бог и евангелието на Исус Христос.

В първото послание „Да вярваш в Бога" е описана идентичността на Бога, какво означава да вярваш в Него, начините, по които можем да Го срещнем и да Го почувстваме.

Във второто послание "Да вярваш в Господ" е описана

целта на Неговото пришествие, защо единствено Исус е наш Спасител и защо получаваме молитви и отговори, когато вярваме в Господ Христос.

Третото послание „Съд, по-красив от скъпоценен камък" обяснява какво означава да бъдеш ценен, благороден и красив съд в очите на Бога, както и благословиите за такъв съд.

Четвъртото послание „Светлината" описва духовната светлина, какво трябва да направим, за да срещнем Бог, който е светлина и благословиите, които ще получим, когато вървим в нея.

Петото послание „Силата на светлината" разглежда четирите различни равнища на Божията сила, които са представени чрез човешки създания с различни багри на светлината, както и разказите от първо лице за различни изцеления, представени на всяко равнище. По-нататък, чрез представянето на най-висшата сила на Творението е описана подробно безкрайната сила на Бога и начините, по които можем да получим Силата на светлината.

Въз основа на случая, при който един слепец срещнал Христос и започнал да вижда, както и от разказите на хората, които подобрили или възстановили зрението си, шестото послание „Очите на слепите ще се отворят" ще ви помогне да разберете силата на Създателя Бог.

В седмото послание „Хората ще се изправят, ще скачат и ще вървят" е описана подробно историята на един парализиран човек. Подпомогнат от своите приятели, той отива при Христос, който го изцелява. Посланието изтъква на читателите, че трябва с дела да покажат вярата в Бога, за да изпитат и днес подобна сила.

Осмото послание "Хората ще се радват, ще танцуват и ще пеят" представя историята на един глухоням човек, който получава изцеление от Христос и показва начините, чрез които и ние можем да се излекуваме.

Накрая, в деветото послание „Неизменното Божие провидение" са представени пророчества за последните дни и Божието провидение за централната църква Манмин – разкрити от Бога след основаването на църквата преди повече от двадесет години.

Чрез тази творба, нека хората да притежават истинска вяра, да изпитват винаги Божията сила и да бъдат използвани като съдове на Святия дух за постигане на Неговото провидение, моля се в името на Исус Христос!

Гюмсан Вин
Директор на издателското бюро

Съдържание

Послание 1

Да вярваш в Бога (Евреи 11:3) · 1

Послание 2

Да вярваш в Господ (Евреи 12:1-2) · 25

Послание 3

Съд, по-красив от скъпоценен камък

(2 Тимотей 2:20-21) · 47

Послание 4

Светлината (1 Йоаново 1:5) · 67

Послание 5

Силата на светлината (1 Йоаново 1:5) · 85

Послание 6

Очите на слепите ще се отворят (Йоаново 9:32-33) · 117

Послание 7

Хората ще се изправят, ще скачат и ще вървят

(Марко 2:3-12) · 135

Послание 8

Хората ще се радват, ще танцуват и ще пеят

(Марко 7:31-37) · 157

Послание 9

Неизменното Божие провидение

(Второзаконие 26:16-19) · 179

Послание 1
Да вярваш в Бога

Евреи 11:3

„С вяра разбираме, че световете са били създадени с Божието слово, така че видимото не стана от видими неща."

Алилуя! Отдавам почести и благодарности на нашия Отец Бог, който ни благослови да проведем единадесетата двуседмична служба.

От провеждането на първата двуседмична служба през месец май, 1993 година, голям брой хора изпитаха лично Божията сила и дейност, с която бяха излекувани болестите, нелечими за модерната медицина и бяха решени проблемите, които науката не може да разреши. Както виждаме в Марко 16:20, за последните 11 години Бог потвърди словото Си чрез знаменията, които го придружаваха.

С посланията за вярата, праведността, плътта и духа, добрината и светлината, любовта и др., Бог поведе множество членове на църквата Манмин към по-дълбокото духовно царство. По-нататък, с всяка среща, Бог ни направи лично свидетели на силата Му и днес тези служби са добре известни в целия свят.

Христос ни казва в Марко 9:23, „Ако можеш да повярваш! Всичко е възможно за този, който вярва!"

Следователно, ако притежаваме истинска вяра, нищо не е невъзможно за нас и ще постигнем това, което искаме.

В какво и как трябва да вярваме? Ако ние не познаваме и не вярваме в Бога правилно, няма да можем да изпитаме силата Му и за нас ще бъде трудно да получим отговори. Ето защо, да разбираме и да вярваме правилно е от първостепенно значение.

Кой е Бог?

Първо, Бог е автор на 66 книги на Библията. 2 Тимотей 3:16 напомня, че: „Цялото Писание е боговдъхновено". Библията се състои от 66 книги и се счита, че е писана от 34 различни лица за период от 1600 години. Най-удивителната характеристика на всички книги от Библията е, че макар и записвани от толкова много различни хора в продължение на векове, те следват определена последователност. С други думи, Библията е Божието слово, записано с вдъхновението на множество различни хора, считани от Него за подходящи в отделни епохи на историята и чрз Библията Той разкрива

Себе Си. Ето защо онези, които вярват, че Библията е Божие слово и я спазват, могат да изпитат обещаните от Него благословии и милост.

Бог е „Аз съм Онзи, Който съм" (Изход 3:14). За разлика от идолите, създадени от въображението на човека или издълбани от ръката му, нашият Бог е истинският Бог, който съществувал преди и ще съществува във вечността. Можем да опишем Бог като любов (1 Йоаново 4:16), светлина (1 Йоаново 1:5) и съдник на всички неща в края на времената.

Преди всичко трябва да помним, че Бог създал всички неща на небето и на земята с Неговата удивителна власт. Той е всемогъщият Единствен, който винаги представя Своята удивителна сила от времето на Създаването до днешен ден.

Създателят на всички неща

В Битие 1:1 намираме: „В началото Бог сътвори небето и земята". Евреи 11:3 гласи: "С вяра разбираме, че световете са били създадени с Божието слово, така че видимото не стана от видими неща".

Всичко на вселената било създадено с Божията сила в състоянието на празнота в началото на времената. С Неговата сила, Бог създал слънцето и луната на небето, растенията и дърветата, птиците и животните, рибата в морето и хората.

Въпреки този факт, много хора не са способни да вярват в Бог Създателя, защото концепцията за създаването твърде много противоречи на познанието и опита, които са придобили и са имали на тоя свят. Например, в съзнанието на тези хора не е възможно всички неща на вселената да са сътворени с Божията заповед от състоянието на празнота.

Ето защо била създадена теорията за еволюцията. Нейните привърженици твърдят, че живият организъм възникнал случайно, развил се сам и се размножил. Ако хората отричат Божието сътворение на вселената с тези познания, те не могат да вярват в останалата част на Библията. Те не са способни да вярват в съществуването на рая и ада, защото никога не са били там, нито в Божия Син, който се родил човек, умрял, възкръснал и се възнесъл на небето.

Въпреки това, с напредъка на науката се откроява

несъвършенството на еволюцията докато достоверността за сътворението продължава да се разпространява. Дори и да не разполагаме със списък от научни доказателства, има хиляди примери, които свидетелстват за сътворението.

Доказателства, с които можем да вярваме в Създателя Бог

Ето един такъв пример. Има над двеста държави и още повече етнически групи. Независимо дали са бели, черни или жълти, всички те имат по две очи. Всички те имат по две уши, един нос и две ноздри. Тази характеристика се отнася не само за човешките същества, но и за животните на земята, птиците на небето и рибите в морето. Само защото туловището на слона е изключително голямо и дълго, не означава, че слонът има повече от две ноздри. Всички човешки същества, животни, птици и риби, имат една уста, разположена на едно и също място. Има малки различия в разположението на отделните органи сред различните видове, но в повечето случаи структурата и позицията са незабележими.

Как може всичко това да е станало „случайно"? Това е едно стабилно доказателство, че един Създател е сътворил и формирал безброй хора, животни, птици и риби. Ако имаше повече от един създател, външният вид и структурата на живите същества щеше да бъде толкова различна, колкото различен е броят и предпочитанията на създателите. Въпреки че нашият Бог е единственият Създател, всички живи същества са създадени еднакво.

Можем да намерим много други доказателства в природата и във вселената и всички те ни карат да вярваме, че Бог е създал всичко. Както е записано в Римляни 1:20: "Понеже от създаването на света това, което е невидимо у Него, вечната Му сила и божественост, се вижда ясно, разбираемо чрез творенията; така че човеците остават без извинение". Бог измислил и създал всички неща, за да може истината за Неговото съществуване да не бъде отречена или опровергана.

В Авакум 2:18-19 Бог ни казва:

„Каква полза от изваяния идол,

че го е изваял художникът му? -

Или от летия идол, учителя на лъжата,

че творецът му уповава на делото си,

така че да прави неми идоли?

Горко на онзи, който казва на дървото: Събуди се!,

на безмълвния камък: Вдигни се!

Той ли ще го научи?

Ето, той е обкован със злато и сребро

и няма никакво дихание в него."

Ако някой от вас е служил или е вярвал в идоли без да познава Бога, трябва напълно да се разкае за греховете си и да съжали от сърце.

Доказателства в Библията, с които можем твърдо да вярваме в Създателя Бог

Все още има много хора, които не са способни да вярват в Бога въпреки безкрайните доказателства, с които са заобиколени. Ето защо чрез представянето на силата Му, Бог ни е показал по-очевидни и неоспорими доказателства за

Неговото съществуване. С чудесата, които не могат да се извършат от хората, Бог ги кара да вярват в Него и в Неговата работа.

В Библията има множество удивителни примери за представянето на Божията сила. Червено море било разделено, слънцето останало на едно място или се върнало назад и от небето се спуснал огън. Горчивата вода в пустинята станала сладка и годна за пиене и от скалата бликнала вода. Мъртвите се съживили, болестите били излекувани и загубените привидно битки били спечелени.

Когато хората вярват във всемогъщия Бог и се молят, те могат да изпитат невъобразимите дела на силата Му. Ето защо, Бог записал в Библията много примери за силата Си и ни благославя да вярваме.

Извършеното от силата Му не е записано само в Библията. Бог е неизменен и чрез безкрайно много знамения, чудеса и дела на силата си, днес Той представя Своето могъщество с истинските вярващи по целия свят, както ни е обещал. В Марко 9:23 Христос казва: „Ако можеш да повярваш! Всичко е възможно за този, който вярва". В Марко 16:17-18, Господ ни напомня:

*„Колко благодарност изпитвах
когато спаси живота ми...
Мислех, че ще ходя с патерици
до края на живота ми...*

*Сега мога да ходя...
Отче, Отче, благодаря Ти!"*

Дякон Исана Парк,
която беше постоянен инвалид,
захвърли патериците и проходи
след като получи молитва.

„И тези знамения ще придружават повярвалите: в Мое име бесове ще изгонват; нови езици ще говорят;

Змии ще хващат; а ако изпият нещо смъртоносно, то никак няма да ги повреди; на болни ще полагат ръце и те ще оздравяват".

Божията сила, представена в Централната църква Манмин

Централната църква Манмин, в която служа като старши пастор, представи могъществото на Създателя Бог, опитвайки се да проповядва евангелието до края на времената. От нейното основаване през 1982 година до днешен ден, Манмин е повела хиляди хора по пътя на спасението със силата на създателя Бог. Най-забележителното дело на силата Му беше изцерението на болести и недъзи. Много хора с „неизлечими" болести като рак, туберкулоза, парализа, паралич, херния, артрит, левкемия и други бяха излекувани. Демоните бяха прогонени, куците се изправиха и започнаха да вървят и да

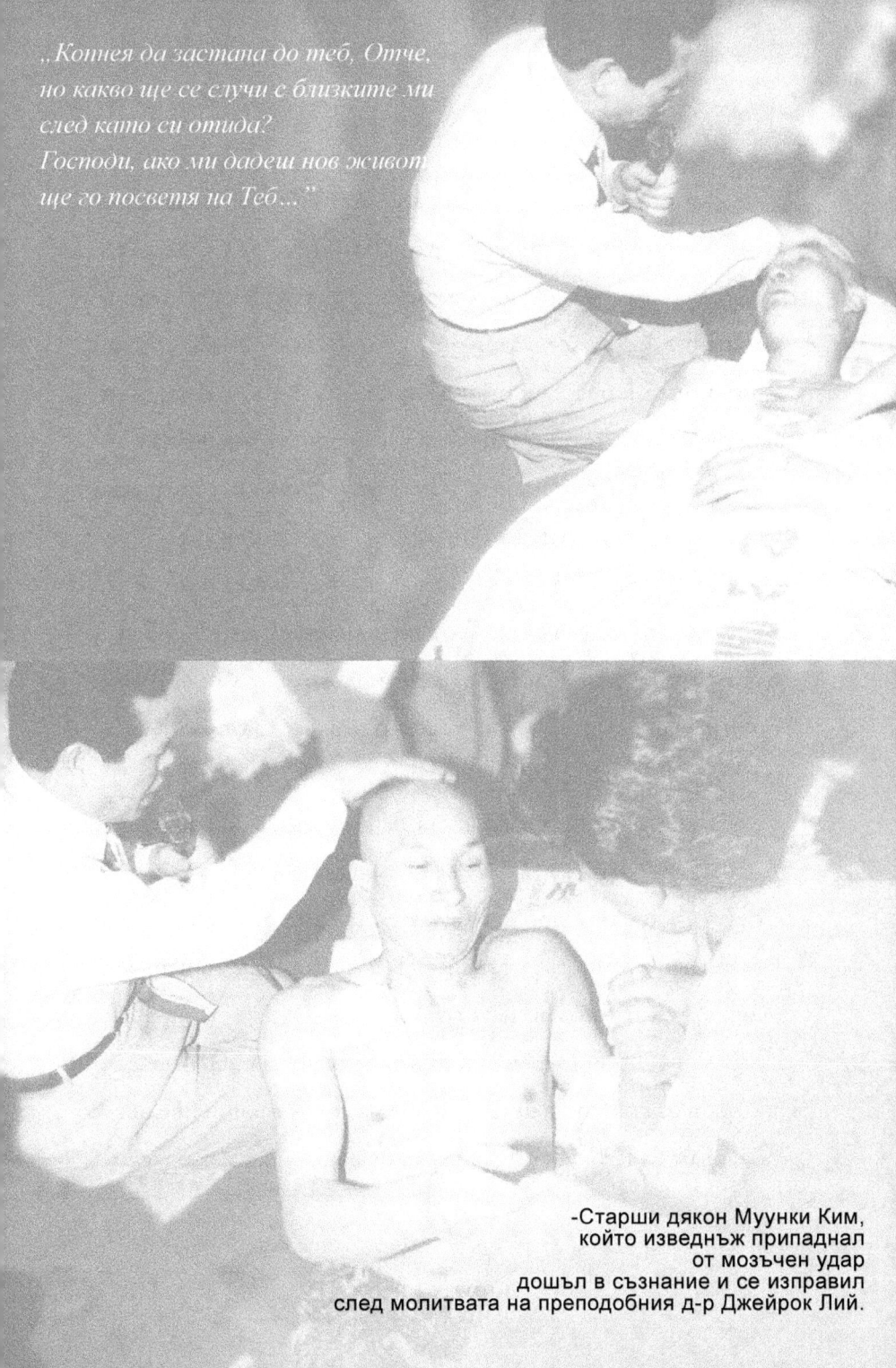

„Копнея да застана до теб, Отче, но какво ще се случи с близките ми след като си отида? Господи, ако ми дадеш нов живот, ще го посветя на Теб..."

-Старши дякон Муунки Ким, който изведнъж припаднал от мозъчен удар дошъл в съзнание и се изправил след молитвата на преподобния д-р Джейрок Лий.

тичат, а онези, които бяха парализирани от различни инциденти, оздравяха. В допълнение, веднага след получаване на молитва, хората, които страдаха от тежки изгаряния, бяха излекувани без да им остават белези. Онези, които бяха в безсъзнание от кръвоизлив в мозъка или натравяне с газ и телата им бяха вкочанени се съживиха и се възстановиха. Други, които вече бяха издъхнали, се върнаха към живота след молитва.

Много хора, които не можеха да имат деца след пет, седем, десет и дори двадесет години брачен живот, бяха благословени да заченат след като получиха молитва. Голям брой глухи, слепи и неми страстно възхваляваха Бога след оздравяване чрез молитва.

Макар науката и медицината непрекъснато да напредват година след година, век след век, мъртвите нерви не могат да бъдат съживени и вродената глухота и слепота не могат да бъдат излекувани. Всемогъщият Бог е способен да направи всичко, защото създава нещо от нищото.

Самият аз изпитах силата на всемогъщия Бог. Намирах се на прага на смъртта в продължение на седем години преди да повярвам в Него. Цялото ми тяло беше болно, с изключение на очите ми и ме наричаха „склад за болести". Напразно опитвах Източната и Западна медицина, лекарства за проказа, всякакви видове билки, жлъчки от мечки и кучета, стоножки и дори екскременти. Въпреки всички усилия през онези мъчителни седем години, аз не можех да се излекувам. Когато бях напълно отчаян през пролетта на 1974 година, преживях чудо. В момента, в който срещнах Бога, Той ме излекува от всички болести и недъзи. От тогава Бог винаги ме закриля и никога не се разболявам. Дори и да имам известни болежки в някои части на тялото ми, аз се моля с вяра и оздравявам.

Освен за мен и за семейството ми, знам, че множество членове на Манмин вярват искрено във всемогъщия Бог и затова винаги са здрави и нямат нужда от медикаменти. От благодарност за милосърдието на лечителя Бог, много хора, които са изцерени, сега служат в църквата като верни духовници, дякони и служители.

Божията сила не се ограничава до изцелението на болести и недъзи. От основаването на църквата през 1982 година, множество членове на Манмин станаха свидетели на безчетен брой примери, в които молитвата с вяра в Божията сила контролира времето и спира силни дъждове, закриля членовете с облаци в задушен слънчев ден и причинява тайфуни, за да промени посоката им. Например, всеки юли и август се провеждат религиозни служби с молитви. Дори и останалата част на Южна Корея да страда от бедствия и наводнения, местата, където се провеждат службите, остават непокътнати от поройните дъждове и други природни бедствия. Множество членове на Манмин често виждат дъги, дори и в дни, когато преди това не е валяло.

Има още един удивителен аспект на Божието могъщество. Делата на силата Му са представени дори и когато не се моля изрично за болните хора. Огромен брой болни страстно възхваляват Бога след като са изцелени и благословени чрез „Молитва за болните" за цялото паство от амвона и записи на „Молитвата", които се предават по интернет и по телефона.

По-нататък в Деяния 19:11-12 намираме:

„При това Бог вършеше особени велики дела чрез ръцете на Павел;

дотолкова, че когато носеха на болните кърпи или престилки от неговото тяло, болестите изчезваха от тях и злите духове излизаха от тях".

По подобен начин, чрез кърпичките, над които съм се молил, е представена работата на удивителната Божия сила.

Освен това, когато положа ръцете си върху човека и се помоля над снимките на болния, в целия свят се изпълняват изцеления, преминаващи границите на времето и пространството. Ето защо, когато ръководя международни служби, всякакви болести и недъзи са излекувани мигновено с Божията сила, включително смъртоносният СПИН.

Да изпитате Божията сила

Означава ли това, че всеки, който вярва в Бога може да изпита удивителната Му сила и да получи отговори и благословии? Много хора проповядват вярата си в Бога, но не всички от тях изпитват силата Му. Може да изпитате силата Му само, когато вярата ви в Бога е представена с дела и Той признава: "Знам, че вярваш в мен".

Бог ще отбележи като вяра факта, че слушате нечия проповед и че присъствате на религиозна служба. Въпреки това, за да притежавате истинска вяра, с която да получите изцеление и отговор на молитвите си, трябва да чуете и да знаете кой е Бог, защо Христос е наш Спасител и за съществуването на рая и ада. След като разберете тези фактори, след като се покаете за греховете си, приемете Христос като Ваш Спасител и приемете Святия дух, тогава ще имате право като Божие дете. Това е първата стъпка към истинската вяра.

Хората, които притежават истинска вяра, ще я покажат с делата си. Бог ще види делата им с вяра и ще им даде това, което желаят в сърцата си. Онези, които изпитат силата Му, показват доказателства за вярата си в Него и са одобрени от Бога.

Да угодите на Бога с действия с вяра

Ето и някои примери от Библията. Първо, в 4 Царе 5 е описана историята на Нееман, главнокомандващ на армията на цар Арам. Нееман изпитал Божията сила след като показал на дело вярата си като се подчинил на пророк Илия, чрез когото говорил.

Нееман бил почетен генерал в царството на Арам. Когато заболял от проказа, той посетил Илия, който бил известен с чудесата си. Въпреки това, когато толкова влиятелен и известен генерал като Нееман пристигнал при Илия с голямо количество злато, сребро и дрехи, пророкът просто изпратил вести за него и му казал: „Иди и се изкъпи седем пъти в река Йордан".

Нееман отначало много се разгневил, защото пророкът не го подложил на подобаващо лечение. Вместо Илия да се моли за него, той казал на Нееман да се изкъпе в река Йордан. Въпреки всичко, Нееман се подчинил. Макар и думите на Илия да не му се понравили и да не бил съгласен с него, той решил поне да опита да се подчини на Божия пророк.

Нееман се изкъпал шест пъти в река Йордан без видими резултати за изцеление на проказата. Едва когато се изкъпал за седми път, плътта му се възстановила и станал чист като младо момче (стих 14).

В духовен смисъл „водата" символизира Божието слово. Фактът, че Нееман потопил себе си в река Йордан означава, че според словото Му, Нееман бил пречистен от греховете. Освен това, числото седем е символ на съвършенството; фактът, че Нееман се потопил „седем пъти" в реката означава, че е получил пълно опрощение.

В същия смисъл, ако искаме да получим отговори от Бога, трябва първо да се покаем за всичките ни грехове като Нееман. Освен това, покаянието не завършва просто с думите: „Съжалявам. Постъпих грешно". Трябва да „разкъсате сърцето си" (Йоил 2:13). Когато изцяло са разкаете за греховете си, никога не трябва да повтаряте същия грях. Само тогава стената на греха между вас и Бога ще бъде разрушена, ще бъдете щастливи, проблемите ви ще бъдат решени и ще се изпълнят желанията, с които е изпълнено сърцето ви.

Второ, в 3 Царе 3 цар Соломон принася хиляда всеизгаряния в жертва на Бога. Чрез тези жертвоприношения, Соломон представя с дела вярата си, за да получи отговори от Бога и в последствие получил не само онова, което желаел, но и това, което не си поискал.

Изисквало се много всеотдайност от Соломон, за да принесе хиляда всеизгаряния. За всяко жертвоприношение, кралят трябвало да улови животни и да ги подготви. Можете ли да си представите колко време, усилие и пари са необходими, за да се извършат тези жертвоприношения хиляда пъти? Такава всеотдайност от страна на Соломон не би била възможна ако кралят не вярваше в живия Бог.

Когато видял всеотдайността на Соломон, Бог му дал не само мъдрост, която кралят поискал, но и богатство и чест – ето защо нямал равни на себе си докато живял.

В Матей 15 е описана историята на една сирийска жена, чиято дъщеря била обладана от демони. Тя застанала пред Христос със скромно сърце, помолила Го за лечение и желанието й се изпълнило. В страстната молба на жената, Христос не й казал веднага: „Добре, твоята дъщеря е излекувана". Вместо това, Той казал: „Не е прилично да се вземе хлябът на децата и да се хвърли на кученцата". (стих 26). Той сравнил жената с куче. Ако жената не притежавала вяра, тя щяла много да се ядоса или да се обиди. Жената вярвала, че Исус ще изпълни молбата й и затова не била учудена нито разочарована. Вместо това, тя му казала още по-скромно: „Така е, Господи; но и кученцата ядат от трохите, които падат от трапезата на господарите им." Христос бил много доволен от нейната вяра и веднага излекувал дъщеря й.

Ако искаме да бъдем изцелени или да се сбъднат желанията ни, трябва до край да покажем вярата си. Ако притежавате вярата, за да постигнете исканото от вас, трябва телом да се явите пред Бога.

Тъй като Божията сила е представена силно в Централната църква Манмин, възможно е да получите изцеление с кърпичка или снимка, над която съм се молил. Въпреки това, с изключение на случаите, когато човек е в критично състояние или в чужбина, той трябва лично да застане пред Бога. Можем да изпитаме Божията сила едва когато чуем словото Му и притежаваме вяра. Ако човек е умствено изостанал или обзет от демони и не може сам да се изправи пред Бога с вярата си, тогава, както и сирийската жена, трябва да идат близките или родителите и да застанат пред Бога от негово име с вяра и с любов.

Има още много доказателства за вярата. Например, на лицето на онзи, който притежава вярата, за да се сбъднат желанията му, винаги е изписано щастие и благодарност. В Марко 11:24, Христос ни казва: „Всичко, каквото поискате в молитва, вярвайте, че сте го получили, и ще ви се сбъдне." Ако имате истинска вяра, можете винаги да сте доволни и благодарни. Ако проповядвате вяра в Бога, ще живеете като спазвате Словото Му. Бог е светлина и вие ще се стремите да вървите в светлината.

Бог вярва, когато действаме с вяра и отговаря на молбите ни. Притежавате ли дотолкова и такава вяра, която Господ да одобри?

Евреи 11:6 ни напомня: „А без вяра не е възможно да се угоди на Бога, защото който идва при Бога, трябва да вярва, че има Бог и че Той възнаграждава тези, които Го търсят."

Когато правилно разберете какво означава да вярвате в Бога и покажете вярата си, нека всеки от вас да го задоволи, да изпитате силата Му и да водите благословен живот, моля се в името на нашия Господ Исус Христос!

Послание 2
Да вярваш в Господ

Евреи 12:1-2

„Следователно и ние, като сме обиколени от такъв голям облак свидетели, нека отхвърлим всяко бреме и греха, който лесно ни оплита, и с търпение нека тичаме на очертаното пред нас поприще,
като насочваме своя взор към Исус, Начинателя и Завършителя на нашата вяра, Който заради предстоящата Нему радост издържа кръст, като презря срама, и седна отдясно на Божия престол."

Много хора днес са чули името „Исус Христос". Въпреки това, изненадващо много хора не знаят защо Христос е единствен Спасител за човечеството или защо ще получим спасение само ако вярваме в Исус Христос. Има християни, които не са способни да отговорят на този въпрос, макар и да са достойни за спасение. Това означава, че тези християни живеят праведно без да разбират духовното значение на тези въпроси.

Следователно, едва когато научим и разберем правилно защо Христос е нашият единствен Спасител, какво означава да Го приемем и да вярваме в Него, да притежаваме истинска вяра, тогава можем да изпитаме Божията сила.

Някои хора просто считат Исус за един от четирите велики светци. Други мислят за Него като основател на Християнството или за много велик човек, който извършил множество добрини в живота си.

Онези от нас, които са станали Божи деца, трябва да са в състояние да признаят, че Христос е Спасителят на човечеството, който изкупил всички хора от греховете им. Как бихме могли да сравним Божия Син, Исус Христос с хората, които са просто живи същества? Дори и по времето на Исус можем да видим, че е имало различни представи за Него.

Синът на Създателя Бог, Спасителят

В Матей 16 има сцена, в която Исус помолил Своите ученици: „Според както казват хората, Кой е Човешкият Син?" (стих 13) Учениците отговорили: „Едни казват, че е Йоан Кръстител; други пък - Илия; а други - Йеремия или един от пророците." (стих 14). Тогава Христос попитал учениците Си: „А вие какво казвате: Кой съм Аз?" (стих. 15) Петър отговорил: „Ти си Христос, Син на живия Бог." (стих 16), Христос ги похвалил: „Блажен си, Симоне, сине Йонов, защото плът и кръв не са ти открили това, но Моят Отец, Който е на небесата." (стих 17). Чрез безброй дела на Божията сила, които Христос извършил, Петър бил сигурен, че Той бил Синът на Създателя Бог и Христос, Спасителят на човечеството.

В началото, Бог създал човека от пръст по Свой образ и го оставил в Райската градина. В градината се намирало дървото на живота и на познанието на доброто и злото и Бог заповядал на Адам:

„От всяко дърво в градината свободно да ядеш,

но да не ядеш от дървото за познаване на доброто и злото, защото в деня, когато ядеш от него, непременно ще умреш." (Битие 2:16-17).

Минало дълго време и първият мъж Адам и жена му Ева били изкушени от змията, която била подбудена от Сатаната и не се подчинили на Божията заповед. Те яли от дървото на познанието на доброто и злото и били изгонени от Райската градина. В резултат на това, потомците им са наследили тяхната греховна природа. Бог казал на Адам, че ще умре и всички души на неговите потомци били отведени към вечна смърт.

Следователно, преди началото на времената, Бог подготвил пътя към спасението, Синът на Създателя Бог Исус Христос. Както казват Деяния 4:12: „И чрез никой друг няма спасение; защото няма под небето друго име, дадено на човеците, чрез което трябва да се спасим." С изключение на Исус Христос, никой друг в историята не е бил наричан Спасител на човечеството.

Божието провидение, което е било скрито преди началото на времената

1 Коринтяни 2:6-7 казва:

„Обаче ние поучаваме мъдрост между съвършените, ала не мъдрост от този век, нито от властниците на този век, които преминават;

а поучаваме Божията тайнствена премъдрост, която е била скрита, която е била предопределена от Бога преди вековете да ни докарва слава."

1 Коринтяни 2:8-9 продължава да ни напомня:

„Никой от властниците на този век не я е познал; защото, ако я бяха познали, не биха разпънали Господа на славата.

А според както е писано:

"Каквото око не е видяло и ухо не е чуло,

и на човешко сърце не е идвало,

всичко това е приготвил

Бог за тези, които Го обичат."

Трябва да разберем, че пътят към спасението, подготвен за нас от Бога преди началото на времената е пътят на кръста на Исус Христос и това е скритата Божия мъдрост.

Като Създател, Бог управлява винаги във вселената и ръководи историята на човечеството. Царят или президентът на една страна управлява според закона на земята; главният изпълнителен директор на една корпорация ръководи фирмата си според фирмените критерии; главата на семейството ръководи според порядките на фамилията. По подобен начин, дори и Бог да притежава всички неща във вселената, Той винаги управлява според закона на духовното царство, записан в Библията.

Според този закон съществува правило, с което виновните се наказват: „Защото заплатата на греха е смърт; а Божият дар е вечен живот в Христос Исус, нашия Господ." (Римляни 6:23). Има също така правило за изкупване от греха. Бог приложил правилото да ни изкупи от греховете, за да възстанови властта, завзета от врага-дявол с неподчинението на Адам.

Какво е било правилото, според което човечеството можело да бъде изкупено и да се възстанови властта на първия мъж Адам, отстъпена на врага-дявол? Според „закона за изкупване на земята", Бог подготвил пътя за спасението на човечеството преди началото на времената.

Исус Христос е подготвен според закона за изкупване на земята

Бог дал на израелтяните „закон за изкупване на земята", който постановявал следното: земята не трябвало да се продава за постоянно; ако човек обеднеел и продавал земята си, негов близък роднина или самият той можел да иде и да я изкупи, възстановявайки по този начин собствеността върху земята (Левит 25:23-28).

Бог знаел предварително, че със своето неподчинение Адам ще отстъпи на дявола властта, получена от Бога. Като истински и първоначален собственик на всички неща на вселената, Бог предал на дявола властта и славата, принадлежали някога на Адам, както гласял законът на духовното царство. Дяволът изкушил Адам в Лука 4 като Му показал всички царства на света и Му казал:

„На Тебе ще дам цялата тази власт и слава на тези царства, защото на мен е предадена и аз я давам на когото искам.

И така, ако ми се поклониш, всичко ще бъде Твое."
(Лука 4:6-7).

Според закона за изкупване на земята, цялата земя

принадлежи на Бог. Ето защо, човек не може да я продава за постоянно и ако се появи човек със съответните качества, продадените земи трябва да се възстановят на техния собственик. По същия начин, всички неща във вселената принадлежат на Бога, затова Адам не е могъл да ги „продаде" за постоянно и дяволът не може да ги притежава завинаги. Следователно, когато се появи индивид, способен да изкупи загубената власт на Адам, врагът дявол няма да има друг избор освен да я предаде.

Преди началото на времената, Богът на справедливостта представил безгрешен човек, подготвен според закона за изкупуване на земята и този път за спасението на човечеството е Исус Христос.

Как може според закона за изкупуване на земята, Исус Христос да възстанови властта, предоставена на дявола? Само ако Христос отговарял на следните четири изисквания, можел да възстанови тази власт.

Първо, спасителят трябва да бъде човек, „най-близкият родственик" на Адам

Левит 25:25 казва: „Ако осиромашее брат ти и продаде

нещо от имота си, нека дойде най-близкият му сродник и да откупи онова, което брат му е продал." За да възстанови властта, която Адам предал, този „най-близък родственик" трябва да бъде човек. 1 Коринтяни 15:21-22 казва:

„Понеже както чрез човека дойде смъртта, така чрез човека дойде възкресението на мъртвите.

Защото както в Адам всички умират, така и в Христос всички ще живеят."

С други думи, както смъртта дошла чрез неподчинението на един човек, възкресението на мъртвия дух трябвало да се постигне от човек.

Исус Христос е „словото, което стана плът" и слезе на земята (Йоан 1:14). Той е Син на Бога, роден от плът с божествена и човешка природа. Неговото раждане е исторически факт, за който има множество доказателства. Историята на човечеството е маркирана с буквите „B.C." или „Преди Христа" и „A.D." или "Anno Domini" на латински език, което означава „в годината на нашия Господ".

Тъй като Исус Христос дошъл на този свят от плът, Той е „най-близкият родственик" на Адам и отговаря на първото изискване.

Второ, спасителят не трябва да бъде потомък на Адам

За да може един човек да изкупи другите от греховете им, той самият не трябва да бъде грешник. Всички потомци на Адам, който сам станал грешник със своето неподчинение, също са грешници. Следователно, според закона за изкупване на земята, спасителят не трябва да бъде потомък на Адам.

В Откровение 5:1-3 пише следното:

„И видях в десницата на Седящия на престола книга, написана отвътре и отвън, запечатана със седем печата.

Видях също, че един силен ангел прогласяваше с висок глас: Кой е достоен да разгъне книгата и да разпечата печатите ѝ?

И никой - нито на небето, нито на земята, нито под земята, не можеше да разгъне книгата, нито да я гледа."

Тук книгата „запечатана със седем печата" означава договора, сключен между Бог и дявола след неподчинението на Адам и този, който „е достоен да разгъне книгата и да разпечата печатите й" трябва да бъде подготвен според закона за изкупуване на земята. Когато апостол Йоан се огледал наоколо за онзи, който да отвори книгата и да разпечата печатите, не намерил никого.

Йоан погледнал към небето, но там имало ангели, а не хора. Погледнал на земята и видял само потомците на Адам - грешниците. Погледнал под земята и видял грешниците на път за ада и същества, които принадлежали на дявола. Йоан ридаел и ридаел, защото никой не бил подготвен според закона за изкупуване на земята (стих 4).

Тогава един от старейшините утешил Йоан и му казал: „Недей да плачеш: ето, лъвът, който е от Юдовото племе, който е Давидовият корен, победи, за да разгъне книгата и да разпечата нейните седем печата" (стих. 5). Тук, „Лъвът от Юдовото племе, Давидовият корен" се отнася за Христос, който произлиза от Юдейското племе и от дома на Давид; Исус Христос е подготвен да бъде спасител според закона за изкупуване на земята.

В Матей 1:18-21, намираме подробни данни за раждането на Господ:

„А рождението на Исус Христос стана така: след като майка Му Мария беше сгодена за Йосиф, преди да се бяха съединили, тя се оказа бременна от Святия Дух.

А мъжът й Йосиф, понеже беше праведен, а пък не искаше да я изложи, намисли да я напусне тайно.

Но когато намисли това, ето, ангел от Господа му се яви насън и каза: Йосифе, сине Давидов, не бой се да вземеш жена си Мария; защото заченатото в нея е от Святия Дух.

Тя ще роди Син, Когото ще наречеш Исус; защото Той е, Който ще спаси народа Си от греховете му."

Причината Божият единствен Син Исус Христос да слезе на тази земя като човек от плът (Йоан 1:14) от утробата на Дева Мария е защото Исус трябвало да бъде човек, но не и потомък на Адам, за да може да бъде подготвен според закона за изкупуване на земята.

Трето, спасителят трябва да притежава сила.

Представете си, че по-малкият брат обеднява и продава земята си и неговият по-голям брат иска да я изкупи за по-малкия брат. За тази цел по-големият брат трябва да притежава достатъчно средства (Левит 25:26). По подобен начин, ако по-малкият брат има огромен дълг и неговият по-голям брат иска да го изплати, може да го направи ако има „достатъчно средства", а не само добри намерения.

В същия смисъл, за да стане грешникът праведен човек са необходими „достатъчно средства" или власт. Тук силата да се изкупи земята означава силата да се изкупят всички хора от греха. С други думи, спасителят на всички хора, който е подготвен според закона за изкупване на земята, не може да има грехове.

Тъй като Исус Христос не е потомък на Адам, Той няма първоначален грях. Исус Христос няма извършени грехове, защото спазвал закона по време на Своя 33-годишен живот на земята. Той бил обрязан на осмия ден след Своето раждане и непосредствено преди три-годишното Му духовенство, Исус спазвал изцяло закона, обичал родителите Си и спазвал предано всички заповеди.

Ето защо Евреи 7:26 гласи: „Защото такъв Първосвещеник ни трябваше: свят, невинен, непорочен, отделен от грешните и възвисен по-горе от небесата" В 1 Петрово 2:22-23 е записано:

„Който грях не е сторил, нито се е намерило лукавство в устата Му;

Който, когато Го хулеха, с хула не отвръщаше; когато страдаше, не заплашваше; а предаваше делото Си на Този, Който съди справедливо."

Четвърто, спасителят трябва да изпитва любов.

За да бъде изпълнено изкупуването на земята, в допълнение към гореспоменатите три изисквания, е необходима любов. Без любов, по-големият брат, който може да изкупи земята за по-малкия си брат, няма да го направи. Дори и по-големият брат да е най-богатият мъж на земята, ако неговият по-малък брат има огромен дълг, без любов по-големият брат няма да му помогне. С какво ще помогнат силата и богатството на по-големия брат?

В Рут 4 е описана историята на Вооз, който познавал много добре ситуацията, в която се намирала свекървата на Рут, Ноемин. Когато Вооз попитал „спасителя-родственик" дали ще изкупи наследството на Ноемин, спасителят отговорил: „Не мога да изпълня длъжността на сродник, да не би да навредя на собственото си наследство; ти приеми върху себе си моето право да откупя, защото не мога да откупя нивата." (стих 6). След това Вооз, обзет от любов, изкупил земята за Ноемин и бил щедро благословен като предшественик на Давид.

Исус, който дошъл на този свят от плът, не бил потомък на Адам, защото Той бил заченат от Святия дух и нямал грехове. Следователно, Той имал „достатъчно средства" да ни изкупи. Въпреки това, ако Исус не изпитваше любов, Той нямаше да понесе агонията на разпятието. Исус бил толкова изпълнен с любов, че бил разпънат от хората, пролял всичката Си кръв и изкупил човечеството, откривайки пътя към спасението. Това е резултат от безкрайната любов на нашия Отец Бог и пожертвованието на Христос, който се подчинил до смърт.

Причината Христос да бъде разпънат на дървен кръст

Защо Христос бил разпънат на дървен кръст? Това било извършено според закона на духовното царство, който повелява, че: „Христос ни изкупи от проклятието на закона, като стана проклет за нас; защото е писано: "Проклет всеки, който виси на дърво" (Галатяни 3:13). Исус бил разпънат на дървен кръст в наше име, за да може да изкупи нас, грешниците от „проклятието на закона".

Левит 17:11 казва: „Защото животът на тялото е в кръвта, която Аз ви дадох, за да правите умилостивение на жертвеника за душите си; защото кръвта е, която по силата на живота, който е в нея, прави умилостивение." Евреи 9:22 гласи: „И почти мога да кажа, че по закона всичко се очиства с кръв; и без проливане на кръв няма прощение." Кръвта е живот, защото „няма прощение" „без проливане на кръв". Исус пролял Своята непорочна и ценна кръв, за да можем да живеем.

Чрез страданието Му на кръста, вярващите са освободени от проклятието на болестите, недъзите, бедността и др. Христос живял в нищета на земята, затова се погрижил за нашата бедност. Исус бил бичуван и ние сме освободени от всичките ни болести. Той носил корона от тръни и ни изкупил от греховете, които извършваме в мислите си. Ръцете и краката Му били прободени, затова изкупил нашите грехове, извършени с крака и ръце.

Да вярваш в Господ означава да се промениш в истината

Хората, които напълно разбират провидението на кръста и вярват в него от все сърце, ще бъдат избавени от греха и ще живеят според Божията воля. Както Христос казва в Йоан 14:23: „Ако Ме обича някой, ще пази учението Ми; и Отец Ми ще го възлюби и Ние ще дойдем при него, и ще направим обиталище у него". Такива хора ще получат Божията любов и благословия.

Защо тогава хората, които изповядват вярата си в Бога не получават отговор на молитвите си и живеят сред изпитания и неволи? Това е, защото дори и да кажат, че вярват в Бога, Бог не счита вярата им за истинска. Това означава, че дори да са чули Божието слово, те още не са се освободили от греховете си и не са преминали в истината.

Например, има много вярващи, които не спазват Десетте Заповеди, основата на праведния живот. Такива индивиди познават заповедта „Не забравяй съботния ден и го пази свещен". Въпреки това, те посещават само сутрешната служба или изобщо не ходят на църква и работят в деня на Бога. Те знаят, че трябва да плащат десятък, но се скъпят за парите и не го плащат изцяло. Когато Бог изрично ни казал, че ако не плащаме целия десятък „крадем от Него", как тези хора ще бъдат благословени и ще се сбъднат желанията им (Малахия 3:8)?

Има вярващи, които не прощават грешките и недостатъците на другите. Те се ядосват и измислят планове да отвърнат със същото зло. Някои правят обещания, но после ги нарушават, а други винят и съжаляват, както правят светските хора. Как бихме казали за тях, че притежават истинска вяра?

Ако имаме истинска вяра, трябва да се стремим да вършим всичко според Божията воля, да избягваме всички видове зло и да приличаме на Господ, който отдал Своя живот за нас, грешниците. Такива хора могат да простят и да обичат онези, които ги мразят и ги нараняват, винаги служат и се жертват за другите.

Когато се освободите от гнева, ще станете любезен човек, чийто устни мълвят само думи на доброта и топлина. Ако преди това винаги сте се оплаквали, с добра вяра ще започнете да отдавате благодарности при всички обстоятелства и ще споделяте милосърдието с хората около вас.

Ако истински вярваме в Бога, всички ние трябва да Му приличаме и да променим живота си. Това е начинът да получим Божиите отговори и благословии.

В Евреи 12:1-2 пише:

„Следователно и ние, като сме обиколени от такъв голям облак свидетели, нека отхвърлим всяко бреме и греха, който лесно ни оплита, и с търпение нека тичаме на очертаното пред нас поприще, като насочваме своя взор към Исус, Начинателя и Завършителя на нашата вяра, Който заради предстоящата Нему радост издържа кръст, като презря срама, и седна отдясно на Божия престол."

Освен многото предшественици на вярата, които ще намерим в Библията, сред тези около нас има много хора, които са получили спасение и благословии с вярата си в Господ.

Нека да притежаваме истинска вяра като „голям облак свидетели"! Нека отхвърлим всичко, което пречи и греха, който толкова лесно ни омотава и да се стремим да приличаме на Господ! Едва тогава, както Исус ни обещава в Йоан 15:7: „Ако пребъдете в Мен и думите Ми пребъдат във вас, искайте каквото и да желаете и ще ви се сбъдне." Всеки от вас ще води живот, изпълнен с отговори и благословии.

Ако все още не водите такъв живот, погледнете назад в миналото, разкъсайте сърцето си и се покайте за това, че не сте вярвали правилно в Господ и се старайте да спазвате словото Му.

Нека всеки от вас да притежава истинска вяра, да изпита Божията сила и да Го възхвалява с всички отговори и благословии, моля се в името на Исус Христос!

Послание 3
Съд, по-красив от скъпоценен камък

2 Тимотей 2:20-21

*„А в един голям дом съдовете не са само златни и сребърни, но и дървени и пръстени; и едни са за почтена употреба, а други - за непочтена.
И така, ако някой очисти себе си от тези заблуждения, той ще бъде съд за почтена употреба, осветен, полезен на стопанина, приготвен за всяко добро дело."*

Бог създал човечеството, за да има истински деца, с които да сподели истинска любов. Въпреки това, хората съгрешили, отклонили се от истинското предназначение на тяхното създаване и станали роби на дявола и на Сатаната (Римляни 3:23). Богът на любовта не се отказал от Своята цел да се сдобие с истински деца. Той открил пътя за спасението на хората, озовали се сред грехове. Бог разпънал на кръста Своя единствен Син Христос, за да изкупи всички хора от греховете им.

Чрез тази удивителна любов, придружена от голямо пожертвование, бил открит пътят за спасението на всички вярващи в Исус Христос. Всеки, който вярва в сърцето си, че Христос е умрял и възкръснал отново от гроба и всеки, който признава с устните си, че Христос е наш Спасител, има правото да бъде дете на Бога.

Любимите деца на Бога приличат на „Съдове"

В 2 Тимотей 2:20-21 е записано:

„А в един голям дом съдовете не са само златни и сребърни, но и дървени и пръстени; и едни са за почтена употреба, а други - за непочтена.

И така, ако някой очисти себе си от тези заблуждения, той ще бъде съд за почтена употреба, осветен, полезен на стопанина, приготвен за всяко добро дело."

Предназначението на един съд е да вмества неща. Бог оприличава Своите деца на „съдове", защото в тях може да вмести Своята любов и милосърдие, както и словото Си, което е истината, Своята сила и власт. Следователно, трябва да осъзнаем, че в зависимост от вида на съдовете, които подготвим, можем да се радваме на всички видове дарове и благословии от Бога.

Какъв съд е човекът, който може да вмести всички благословии, подготвени от Бога? Това е съд, който Бог счита за ценен, благороден и красив.

Първо, „ценен" е този съд, който изпълнява точно дадените му от Бог задължения. Йоан Кръстител, който подготвил пътя за нашия Господ Исус Христос и Моисей, който извел израелтяните от Египет, влизат в тази категория.

„Благороден" е този съд, който притежава качествата: честност, искреност, решителност и лоялност – качества, които са рядкост за обикновените хора. Йосиф и Даниил, които заемали длъжности на министри в мощни държави и възхвалявали Бога, влизат в тази категория.

„Красив" съд за Бога е този, който има добро сърце, който никога не влиза в конфликти и толерира всичко. Естир, която спасила сънародниците си и Авраам, който бил назован „приятел" на Бога, влизат в тази категория.

„Съд, по-красив от скъпоценен камък" е индивидът, който притежава необходимите качества, за да бъде считан от Бога за ценен, благороден и красив. Скъпоценният камък, скрит сред чакъла се забелязва веднага. По същия начин, всички Божии хора, които са по-красиви от скъпоценен камък са несъмнено забележими.

Повечето скъпоценни камъни са много скъпи за своите размери, но блясъкът и цветовете им привличат хората, които търсят красивото. Не всички блестящи камъни са считани за скъпоценни. Истинските скъпоценни камъни трябва да притежават също отенъци и лъскавина, както и физическа здравина. Тук, „физическа здравина" означава материалното свойство да издържи на топлина, да не бъде замърсен от контакта с други субстанции и да поддържа формата си. Друг важен фактор е оскъдността.

Ако има съд с великолепен блясък, физическа здравина и оскъдност, колко ценен, благороден и красив ще бъде този съд? Бог иска Неговите деца да станат съдове, по-красиви от скъпоценни камъни и иска да водят благословен живот. Когато Бог намери такива съдове, Той обилно налива в тях знаменията на Своята любов и задоволство.

Как можем да станем съдове, по-красиви от скъпоценни камъни, в очите на Бога?

Първо, трябва да пречистите сърцето си с Божието слово, което е истината

За да може един съд да бъде използван за своето първоначално предназначение, преди всичко трябва да бъде чист. Дори и скъпо-струващият, златен съд не може да бъде използван ако е замърсен или мирише лошо. Едва когато този скъп, златен съд е измит с вода, той може да бъде използван според своето предназначение.

Същото правило важи за децата на Бога. За своите деца, Бог е подготвил множество благословии и различни дарове, благословии за богатство и здраве и др. За да можем ние да получим тези благословии и дарове, трябва първо да се подготвим като чисти съдове.

В Еремия 17:9 е записано: „Сърцето е измамливо повече от всичко и е страшно болно; кой може да го познае?" В Матей 15:18-19 Исус казва:

„А онова, което излиза от устата, произхожда от сърцето и то осквернява човека.

Защото от сърцето се пораждат зли помисли, убийства, прелюбодейства, блудства, кражби, лъжесвидетелства, хули."

Следователно, едва, когато пречистим сърцата си, можем да станем чисти съдове. След като станем чист съд, никой от нас повече няма да има „зли мисли", да произнася зли думи или да върши зло.

Пречистването на нашето сърце е възможно единствено с духовна вода, Божието слово. Ето защо, Библията ни подтиква в Ефесяни 5:26: „за да я освети, след като я е очистил с водно умиване чрез словото" и окуражава всеки от нас „нека пристъпваме с искрено сърце в пълна вяра, със сърца, очистени от лукава съвест, и с тяло, измито в чиста вода" (Евреи 10:22).

Как ни пречиства духовната вода – Божието слово?

Трябва да спазваме различни команди от 66-те книги на Библията, които служат за „пречистване" на сърцата ни. Спазването на тези команди като „Недей" и „Отхвърли", ще ни избавят от всичко греховно и лошо.

Поведението на онези, които са пречистили сърцата си с Неговото слово също ще се промени и ще озари светлината на Христос. Въпреки това, словото не може да се спазва само със собствената сила и воля на човека; Святият дух трябва да го ръководи и да му помага.

Когато чуем и разберем словото, открием сърцата си и приемем Исус като наш Спасител, Бог ни дарява със Святия дух. Святият дух живее в хората, които приемат Христос за свой Спасител, помага им да чуят и да разберат словото на истината. В Светото писание е записано: „Роденото от плътта е плът, а роденото от Духа е дух." (Йоан 3:6). Божиите деца, които приемат Святия дух като дар, могат да се освободят от греха и от злото със силата на Святия дух и да станат духовни хора.

Тревожи ли ви въпроса: „Как да спазя всички заповеди?"

1 Йоаново 5:2-3 гласи:

„По това познаваме, че обичаме Божиите чеда, когато

обичаме Бога и изпълняваме Неговите заповеди, защото това е любов към Бога: да пазим Неговите заповеди; а заповедите Му не са тежки."

Ако обичате Бог от все сърце, спазването на заповедите Му не е трудно.

Когато родителите заченат дете, те се грижат за всеки аспект от живота му, включително: храна, дрехи, хигиена и др. От една страна, ако родителите се грижат за чуждо дете, това може да бъде тежко. От друга страна, ако родителите гледат своето собствено дете, това няма да е толкова трудно. Дори и детето да се събуди и да плаче през нощта, на родителите не им тежи, те обичат много детето си. Да се грижиш за някой, когото обичаш носи радост и щастие; това не е трудно или дразнещо. По същия начин, ако ние истински вярваме, че Бог е Бащата на нашия дух и в Неговата безкрайна любов, отдал Своя един и единствен Син да бъде разпънат на кръста за нас, как можем да не Го обичаме? Нещо повече, ако обичаме Бог, няма да е мъчно да спазваме словото Му. Ще бъде мъчително и обременяващо ако не спазваме словото Му или не се подчиняваме на волята Му.

Страдах от различни болести в продължение на седем години докато по-голямата ми сестра ме заведе в Божията църква. Когато получих огъня на Святия дух и се изцерих от болестите, в момента, в който коленичих в църквата, аз срещнах живия Бог. Това стана на 17 април, 1974 година. От тогава започнах да присъствам на всички служби с благодарност за Божието милосърдие. През месец ноември, същата година, аз присъствах на първата служба за изцеление, на която започнах да уча словото Му, основата на праведния живот:

„Ах, това е Бог!"
„Трябва да отхвърля греховете си".
„Това се случва, когато вярвам".
„Трябва да спра да пия и да пуша".
„Трябва винаги да се моля".
„Плащането на десятък е задължително
И аз няма да застана пред Бога с празни ръце".

В продължение на една седмица, аз приемах словото само с думата „Амин!" в сърцето си.
След тази служба престанах да пия и да пуша, започнах да

Авторът д-р Джейрок Лий

плащам десятък и да правя благодарствени дарения. Започнах да се моля на зазоряване и постепенно станах човек на молитвите. Спазвах всичко, което учех и започнах също да чета Библията.

С Божията сила мигновено бях излекуван от всичките ми болести и недъзи, които бяха нелечими от медицината. Следователно, вярвах изцяло на всеки стих и на всяка глава от Библията. Тъй като по онова време започвах вярата си, не можех да разбера лесно някои части от Библията. Въпреки всичко, веднага започнах да спазвам заповедите, които разбирах. Например, когато прочетох в Библията „Не лъжи", аз си казах: „Лъжата е грях! В Библията пише, че не трябва да лъжа, затова няма да лъжа". Също така се молих: „Боже, моля те, помогни ми да не лъжа!" Не бях лъгал никого със зла умисъл, но въпреки това, аз твърдо се молих, за да не излъжа неволно.

Много хора лъжат и повечето от тях не го осъзнават. Когато се обади някой, с когото не искате да говорите по телефона, казвали ли сте някога на вашите деца, колеги или приятели да кажат, че ви няма? Много хора лъжат, защото са „загрижени" за другите. Такива хора лъжат например, когато ги питат дали искат да опитат нещо ако са на гости. Дори и да изпитват глад или жажда, хората, които не искат да затрудняват другите, казват на своите домакини: „Не, благодаря. Ядох (или пих) преди да дойда." Когато разбрах, че дори и с добри намерения, лъжата си е лъжа, аз се молих да отхвърля лъжата и накрая престанах да лъжа дори неволно.

Направих списък на всичко греховно и зло, което трябваше да отхвърля и се молих. Едва когато бях убеден, че съм отхвърлил определено зло или греховен навик, аз го задрасквах от списъка с червен химикал. Ако имаше зло или порок, които не можех да отхвърля дори и след дълги молитви, аз започвах незабавно да постя. Ако не можех да го постигна след тридневни пости, продължавах да постя пет дни. При повторение на същия грях, постих седем дни. Въпреки всичко, рядко ми се налагаше да постя една седмица; след тридневни пости бях в състояние да отхвърля повечето грехове и пороци. Всеки път, когато този процес се повтаряше, аз ставах все по-чист съд.

Три години след като срещнах Господ, аз отхвърлих всичко, което беше в разрез с Бога и можех да се считам за чист съд в Неговите очи. Освен това, тъй като спазвах прилежно заповедите, аз скоро започнах да живея според словото Му. Когато се трансформирах в чист съд, Бог ме благослови щедро. Семейството ми получи благословия за здраве. Скоро бях способен да платя всички дългове. Получих материални и духовни благословии. В Библията е записано:

„Възлюбени, ако нашето сърце не ни осъжда, имаме дръзновение спрямо Бога;

и каквото и да поискаме, получаваме от Него, защото пазим заповедите Му и вършим това, което е угодно пред Него." (1 Йоаново 3:21-22).

Второ, за да станете съд, по-красив от скъпоценен камък, трябва да бъдете „пречистени с огън" и да се озарите с духовна светлина.

Скъпо-струващите скъпоценни камъни на пръстените и колиетата някога не са били чисти. Въпреки това, те са били обработени от шлифовачи, излъчват блестяща светлина и притежават красива форма.

Подобно на тези шлифовачи, които режат, лъскат и

обработват с огън камъните, за да ги превърнат в прекрасни форми с голям блясък, Бог дисциплинира децата Си. Бог прави това не заради греховете им, а защото чрез дисциплината Той може физически и духовно да ги благослови. В очите на Неговите деца, които не са съгрешавали и не са извършили нищо лошо, може да им се стори, че трябва да се мъчат или да страдат в изпитания. Това е процес, чрез който Бог тренира и дисциплинира децата Си, за да могат да имат повече цветове и блясък. 1 Петрово 2:19 гласи: „защото това е благоугодно, ако някой от съзнанието за Бога претърпява скръб, като страда несправедливо." Също така е записано: „с цел: изпитването на вашата вяра, което е по-скъпоценно от златото, което гине, но пак се изпитва чрез огън - да излезе за хвала и слава, и почест, когато се яви Исус Христос." (1 Петрово 1:7).

Дори и децата на Бога да са отхвърлили злото и да са станали чисти съдове, по времето на избора Му, Бог им позволява да бъдат дисциплинирани и да станат съдове, по-красиви от скъпоценни камъни. Както пише в 1 Йоаново 1:5: „И известието, което чухме от Него и известяваме на вас, е това, че Бог е светлина и в Него няма никаква тъмнина." Тъй като Бог е перфектна светлина, Той води децата Си към същото равнище на светлината.

Следователно, когато преодолеете позволените от Бог изпитания с добрина и любов, ще станете по-чист и красив съд. Равнището на духовна власт е различно според блясъка на духовната светлина. В допълнение, когато духовната светлина свети, дяволът-враг и Сатаната няма къде да стоят.

В Марко 9 има сцена, в която Христос прогонва злия дух от тялото на едно момче, чийто баща го моли да го излекува. Исус порицал злия дух: „Душе ням и глух, Аз ти заповядвам: Излез от него и да не влезеш повече в него." Злият дух напуснал момчето, което оздравяло. Преди тази сцена има друг епизод, в който бащата завел сина си при учениците на Исус, които не успяли да прогонят демона. Това е защото учениците на Исус имали различно равнище на духовната светлина.

Какво трябва да направим, за да постигнем Христовото равнище на духовната светлина? Можем да спечелим всички изпитания ако вярваме твърдо в Бога, преодолеем злото с добро и обичаме враговете си. Впоследствие, когато вашата доброта, любов и праведност бъдат истински, както

Христос, вие ще можете да прогонвате демони и да лекувате от болести и недъзи.

Благословии за съдове, по-красиви от скъпоценни камъни

След като тръгнах по пътя на вярата от години, аз трябваше и да понеса множество изпитания. Например, след обвинението от страна на една телевизионна програма преди няколко години, аз понесох изпитание, мъчително и агонизиращо като смъртта. Впоследствие ме предадоха хората, над които се бях смилил и много други, които считах за мои близки.

За обикновените хора аз станах субект на неразбиране и прицел на обвинение, докато множество членове на Манмин страдаха и бяха несправедливо преследвани. Въпреки това, членовете на Манмин и аз понесохме това изпитание с добрина и след като предадохме всичко на Господ, ние помолихме Бога на любовта и на милосърдието да им прости.

Освен това, аз не мразих и не преследвах онези, които

напуснаха църквата и усложниха ситуацията. През цялото време на това мъчително изпитание искрено вярвах, че моят Баща Бог ме обича. Ето как успях да се изправя с добрина и любов дори и пред тези, които сториха зло. Както студентът получава признание за своята старателна работа и достойнства след успешен изпит, моята вяра, добрина, любов и праведност получиха Божието признание и Той ме благослови да изпълнявам и да показвам силата Му.

След изпитанието, Той откри пътя за изпълнението на световната мисия. Бог се стараеше десетки хиляди, стотици хиляди и милиони хора да се съберат на световни служби, които ръководих и беше с мен със Своята сила, която преминава границите на времето и пространството.

Духовната светлина, с която ни обгръща Бог е по-светла и по-красива от тази на всички скъпоценни камъни на земята. Бог счита за съдове, по-красиви от скъпоценни камъни онези деца, които обгръща с духовна светлина.

Нека всеки от вас скоро да се пречисти и да стане съд, който озарява доказаната чрез изпитания духовна светлина и е по-красив от скъпоценен камък, за да получите всичко, което искате и да водите благословен живот, моля се в името на Исус Христос!

Послание 4
Светлината

1 Йоаново 1:5

„И известието, което чухме от Него и известяваме на вас, е това, че Бог е светлина и в Него няма никаква тъмнина."

Има много видове светлини и всяка една от тях е свързана с определени свойства. Преди всичко, тя осветява тъмнината, дава топлина и убива вредните бактерии или гъбички. Чрез светлината, растенията могат да живеят с фотосинтезата.

Съществува физическата светлина, която можем да видим и да усетим и духовната светлина, която не е видима и осезаема. Така, както физическата светлина има много свойства, духовната светлина е свързана с редица качества. Когато светлината блесне нощно време, тъмнината веднага изчезва.

Ако духовната светлина огрее живота ни, духовната тъмнина бързо отстъпва, когато вървим сред Божията любов и милост. Тъй като духовната тъмнина е в основата на болестите и проблемите в къщи, в работата и в човешките взаимоотношения, ние не можем да бъдем щастливи. Въпреки това, когато духовната светлина огрее живота ни, могат да бъдат решени проблемите, превишаващи нашите знания и умения и да се сбъднат желанията ни.

Духовната светлина

Какво представлява духовната светлина? В 1 Йоаново 1:5 е записано: „И известието, което чухме от Него и известяваме на вас, е това, че Бог е светлина и в Него няма никаква тъмнина." В Йоан 1:1 пише: „И Словото беше Бог". Накратко, „светлината" се отнася не само за самия Бог, но и за словото Му, което е истина, добрина и любов. Преди създаването на всички неща, в пустотата на вселената, Бог съществувал сам и нямал форма. В единството на светлина и звук, Бог създал цялата вселена. Блестяща, великолепна и красива светлина оградила цялата вселена и от тази светлина проговорил строен, ясен и звучен глас.

Бог, който съществувал като светлина и звук, създал провидението за развитие на човечеството, за да получи истински деца. Приел форма, разделил Себе Си в Триединството и по Свой Собствен образ създал човечеството. Въпреки всичко, същността на Бог все още са светлината и звукът и Той все още работи чрез тях. Макар и под формата на човек, в тази форма са светлината и звукът на

Неговата безкрайна мощ.

В допълнение към Божията сила, има други елементи на истината, включително любов и добрина в тази духовна светлина. 66-те книги в Библията са сбор от истини на духовната светлина, произнесени със звук. С други думи: „светлината" се отнася за всички заповеди и стихове на Библията относно добрината, праведността и любовта, включително „Обичайте се помежду си", „Молете се непрекъснато", „Спазвайте свещения ден", „Спазвайте десетте заповеди" и др.

Вървете в светлината, за да срещнете Бога

Докато Бог управлява света на светлината, врагът-дявол ръководи света на тъмнината. Тъй като врагът-дявол и Сатаната се противопоставили на Бога, хората, живеещи в света на тъмнината, не могат да срещнат Бог. За да срещнете Бог, трябва да разрешите много проблеми в живота си, за да получите отговори, да излезете бързо от света на тъмнината и да влезете в света на светлината.

В Библията има много заповеди за това, което да правим. Те включват: „Обичайте се помежду си", „Служете един на друг", „Молете се", „Бъдете благодарни" и др. Има също и заповеди за това, което да спазваме: „Помни съботния ден, за да го светиш", „Спазвайте десетте заповеди", „Спазвайте Божиите заповеди" и др. Има много заповеди за това, което да не правим: „Не лъжи", „Не мрази", „Не търси доброто за себе си", „Не се кланяй на идоли", „Не кради", „Не ревнувай", „Не лъжесвидетелствай против ближния си" и др. Има заповеди за това, което да отхвърлим: „Отхвърлете всяко зло", „Отхвърлете завистта и ревността" и др.

От една страна, спазването на тези заповеди на Бога означава да живеете в светлината, да приличате на Господ и на нашия Баща Бог. От друга страна, ако не правите това, което ви казва Бог, ако не спазвате това, което ви заповядва да спазвате, ако правите това, което Той ви е забранил и ако не отхвърлите онова, което ви е заръчал, вие ще останете в тъмнината. Не забравяйте, че неподчинението на Божието слово означава, че се намираме в света на тъмнината, ръководен от врага-дявол, а ние винаги трябва да живеем според словото Му и да вървим в светлината.

Близост с Бога, когато вървим в светлината

В 1 Йоаново 1:7 е записано: „Но ако ходим в светлината, както е Той в светлината, имаме общение един с друг и кръвта на Сина Му Исус Христос ни очиства от всеки грях." Само, когато вървим и живеем в светлината, можем да кажем, че сме близо до Бога.

Така, както има близост между бащата и неговото дете, ние трябва да бъдем близки с Бога, Бащата на нашите духове. За да установим и да поддържаме връзка с Него, трябва да изпълним едно изискване: да отхвърлим греха като вървим в светлината. Ето защо: „Ако кажем, че имаме общение с Него, а ходим в тъмнината, лъжем и не действаме според истината." (1 Йоаново 1:6).

„Близостта" не е едностранна. Само защото знаете за някого не означава, че сте близки с него. Само когато двете страни се сближат достатъчно, за да се познават, да си вярват, да разчитат един на друг и да разговарят помежду си, тогава има „близост" между тях.

Например, повечето от вас знаят кой е президентът или царят на вашата страна. Независимо колко много знаете за него, ако той също не ви познава, между вас няма близост. Има различни равнища на близост. Вие двамата може просто да се познавате, можете да сте достатъчно близки, за да се интересувате как е другия от време на време или може да имате интимна близост и да споделяте най-съкровени тайни.

Същото е и с близостта с Бога. За да бъде връзката ви с Него истинско приятелство, Бог трябва да ви познава и да ви приеме. Ако сме близки с Бога, няма да бъдем слаби или болни и всичките ни желания ще се изпълняват. Бог иска да даде на децата Си най-доброто и ни казва във Второзаконие 28, че когато слушаме Бога и спазваме всички Негови заповеди, ще бъдем благословени, когато влизаме и когато излизаме; ние ще отдаваме, но от никой няма да взимаме; ще бъдем главата, а не опашката.

Бащи на вярата, които имат истинска близост с Бога

Каква близост е имал Давид с Бога, когото считал за „човек според сърцето Ми" (Деяния 13:22)? Давид обичал, страхувал се и бил напълно зависим от Бога по всяко време. Когато бягал от Саул или отивал да се бие, питал като дете родителите си какво да прави: „Да отида ли? Къде да отида?" и правел това, което Бог му казвал. Бог винаги отговарял на Давид и той изпълнявал казаното. Това му помогнало винаги да побеждава (2 Царе 5:19-25).

Давид се радвал на добри отношения с Бога, защото вярата му била угодна. Например, в началото на управлението на цар Саул, филистимците нахлули в Израел. Те били ръководени от Голиат, който се присмял на израелските войски, богохулствал и осквернил името на Бога. Въпреки това, никой от лагера в Израел не посмял да го предизвика. По онова време, макар и да бил още млад мъж, Давид се изправил невъоръжен пред Голиат, само с пет гладки камъка. Той вярвал във всемогъщия Бог на Израел и че битката принадлежала на Бога (1 Царе 17). Бог направил така, че камъкът на Давид ударил Голиат по челото. Голиат умрял и Израел победил.

За своята твърда вяра, Давид бил считан от Бога за "човек, който притежава сърцето ми" и подобно на бащата и на сина, които подробно споделят, Давид можел да постигне всичко с Господ до себе си.

Библията ни казва също, че Бог разговарял с Моисей лице в лице. Например, когато Моисей смело помолил Бога да му покаже лицето Си, Бог бил готов да му даде всичко, което поиска (Изход 33:18). Как можел Моисей да има интимна и близка връзка с Бог?

Скоро след като Моисей извел израелтяните от Египет, той постил и общувал с Бог в продължение на 40 дни на върха на планината Синай. Моисей се забавил и израелтяните си създали идол, на който да се кланят. Бог видял това и казал на Моисей, че ще унищожи израелтяните: „и така, сега Ме остави, за да пламне гневът Ми против тях и да ги изтребя; а от тебе ще направя велик народ." (Изход 32:10).

Тогава Моисей отговорил: „Отвърни се от разпаления

Си гняв и се откажи от това зло, което възнамеряваш против народа Си". (Изход 32:12). На следващия ден той отново помолил Бог:

„Уви! Този народ извърши голям грях, че си направиха богове от злато.

Но сега, ако искаш, прости греха им; но ако не, моля Ти се, заличи мен от книгата, която си написал."

(Изход 32:31-32). Какви удивителни и страстни молитви от любов!

В Числа 12:3 е записано: „А Моисей беше много кротък човек - повече от всички хора, които бяха на земята." Числа 12:7 гласи: „Но слугата Ми Моисей не е така поставен, той, който е верен в целия Ми дом." С неговата голяма любов и меко сърце, Моисей можел да бъде предан в целия Му дом и да се радва на интимна връзка с Бога.

Благословии за хората, които вървят в светлината

Исус, който дошъл на този свят като светлина, проповядвал само истината и евангелието за небето.

Въпреки това, хората в тъмнината, които принадлежали на врага-дявол, не можели да разберат обяснението за светлината. Хората в света на тъмнината не можели да приемат светлината или спасението и вървяли по пътя на унищожението.

Хората с добри сърца видяли своите грехове, разкаяли се за тях и достигнали до спасение чрез светлината на истината. Като спазват желанията на Святия дух, те ежедневно пораждат духа и вървят в светлината. Липсата на мъдрост или умения от тяхна страна, вече не е проблем. Те ще установят връзка с Бог, който е светлина и ще получат гласа и ръководството на Святия дух. Тогава всичко ще бъде добре за тях и те ще получат мъдрост от небето. Дори и да имат проблеми, заплетени като паяжина, нищо не би ги отклонило от тяхното разрешаване и нищо не би блокирало пътя им, защото Святият дух лично ще ги ръководи на всяка стъпка.

В 1 Коринтяни 3:18 е записано: „Никой да не се лъже. Ако някой между вас мисли, че е мъдър според този век, нека стане глупав, за да бъде мъдър." Трябва да разберем, че мъдростта на света е глупава за Бога.

В Яков 3:17 пише: „Но мъдростта, която е отгоре, е преди всичко чиста, после миролюбива, кротка, сговорчива, пълна с милост и добри плодове, примирителна, нелицемерна." Ако се пречистим и вървим в светлината, мъдростта от небето ще се спусне нас нас. Ще достигнем равнище, на което ще сме щастливи дори и да ни липсват някои неща и няма да чувстваме нужда от тях.

Апостол Павел признава във Филипяни 4:11: „Не казвам това поради оскъдност, защото се научих да съм доволен, в каквото състояние и да се намеря." В същия смисъл, ако вървим в светлината, ще постигнем Божия мир и ще ни обземат радостта и спокойствието. Хората, които се сдобрят с другите, няма да се карат или да бъдат враждебно-настроени към близките си. Вместо това, в сърцата им ще преливат любов и милост и устните им непрестанно ще благодарят.

Когато вървим в светлината и приличаме на Бога, както Той казва в 3 Йоаново 1:2: „Възлюбени, моля се да благоуспяваш във всичко и да си здрав, както благоуспява душата ти", ние със сигурност ще получим не само благословии за успех във всичко, но също и власт, умения и силата на Бога, който е светлина.

Павел вървял в Светлината и срещнал Господ, който му позволил да представи удивителна сила като апостол на неевреите. Макар че Стафан и Филип не били пророци, нито ученици на Христос, Бог работил много чрез тях. В Деяния 6:8 откриваме: „А Стефан, пълен с благодат и сила, вършеше големи чудеса и знамения между народа." В Деяния 8:6-7 четем:

„И множествата единодушно внимаваха в това, което Филип им говореше, като слушаха всичко и виждаха знаменията, които вършеше.

Защото нечистите духове, като викаха със силен глас, излизаха от мнозина, обладани от тях; и мнозина парализирани и куци бяха изцелени."

Човек може да представи Божията сила до такава степен, че да бъде пречистен като върви в светлината и прилича на Господ. Има само няколко души, които са представили Божията сила. Дори сред онези, които представят силата Му, тя е различна в зависимост от това доколко човекът приличал на Бог, който е светлина.

Живея ли в светлината?

За да получим удивителната благословия, която е дар за този, който върви в светлината, всеки от нас трябва първо да се запита и да се вгледа в себе си: „Живея ли в светлината?"

Дори и да нямате специален проблем, трябва да се вгледате в себе си, за да проверите дали сте живяли праведно в Христос или не сте чули и не сте били водени от Святия дух. Ако е така, трябва да се събудите от духовен сън.

Ако сте отхвърлили злото до известна степен, не трябва да сте удовлетворени. Така, както детето съзрява и става възрастен човек, вие също трябва да достигнете вярата на бащите. Трябва да притежавате здрава връзка с Бога и интимна близост с Него.

Ако се стремите към пречистване, трябва да забележите и най-малкото зло и да го изкорените. Колкото повече власт получавате и колкото по-високо заставате, винаги трябва първо да гледате интереса на другите. Трябва да се вслушате ако другите, включително по-нискостоящите, посочват грешките ви. Вместо да изпитвате възмущение, дискомфорт или неудобство и да избягвате хората, които се отклоняват от правия път и вършат зло, трябва да ги толерирате с любов и любезност. Не трябва да пренебрегвате или да задържате нечие презрение. Не трябва да пренебрегвате другите заради собствената си правота или да нарушавате спокойствието им.

Аз показах и дадох по-голяма част от любовта си на младите, бедните и по-слабите. Както родителите, които се грижат повече за своите слаби и болни деца, аз се молих повече за хората в подобна ситуация, никога не ги пренебрегнах и се стараех да им служа от сърце. Онези, които вървят в светлината, трябва да имат милост дори към хората, които са причинили зло, да бъдат способни да им простят и да прикрият грешките им вместо да ги обвиняват.

Дори и да вършите Божия работа, вие не трябва да се изтъквате или да показвате вашите постижения, а да признаете усилията на другите, с които сте работили. Когато усилията им са забелязани, ще бъдете по-щастливи и радостни.

Можете ли да си представите колко много Бог ще обича Своите деца, чиито сърца наподобяват Неговото? Така, както вървял с Енох в продължение на 300 години, Бог ще върви с децата Си, които Му приличат. Той ще им даде не само благословии за здраве и успех в делата им, но също и силата Си, с която да ги използва като ценни съдове.

Дори и да мислите, че притежавате вяра и обичате Бога, моля се в името на Исус Христос да признае вярата Ви, да вървите в светлината и жовотът ви да е изпълнен с доказателства за любовта Му и близостта ви с Него!

Послание 5

Силата на светлината

1 Йоаново 1:5

„*И известието, което чухме от Него и известяваме на вас, е това, че Бог е светлина и в Него няма никаква тъмнина.*"

В Библията има много примери, в които хората получават спасение, изцеление и отговори чрез удивителната работа на Божията сила, представена от Неговия Син Исус Христос. Когато Исус заповядвал, всички видове болести мигновено били изцелявани и недъзите излекувани.

Слепите проглеждали, немите проговаряли и глухите започвали да чуват. Оздравял човек с изсъхнала ръка, куцият започнал да върви и парализираните проходили. Демоните били прогонвани и мъртвите се съживявали.

Тези удивителни дела на Божията сила били представени не само от Исус, но и от много пророци от епохата на Стария завет и от апостолите по времето на Новия завет. Разбира се, представянето на Божията сила от страна на Христос не можело да се сравнява с това на апостолите и на пророците. Въпреки това, на хората, които приличали на Исус и на Самия Бог, Той давал сила и ги използвал като съдове. Бог, който е светлина, представял силата Си чрез дякони като Стефан и Филип, защото били пречистени чрез светлината и приличали на Господ.

Апостол Павел представил голяма сила и бил обявен за „Бог"

Сред всички персонажи от Новия завет, апостол Павел бил следващият според величината на силата си след Христос. Той проповядвал евангелието и послания, придружени с чудеса и знамения на невярващите, които не познавали Бога. С такава сила Павел можел да свидетелства на Бога истинската Божественост и Исус Христос.

Идолопоклонничеството и заклинанието били разпространени по онова време и сред невярващите имало хора, които заблуждавали другите. Разпространението на евангелието сред такива хора изисквало представяне на Божието могъщество, което надвишавало силата на фалшивото заклинание и работата на злите духове (Римляни 15:18-19).

В Деяния 14:8 е описана сцена, в която апостол Павел проповядвал евангелието в района, наречен Листра. Павел заповядал на един човек, който куцал през целия си живот: „Стани на краката си!" Човекът се изправил и започнал да върви (Деяния 14:10). Когато хората видяли това, казали:

„Боговете, оприличени на човеци, са слезли при нас" (Деяния 14:11). В Деяния 28 има сцена, в която апостол Павел пристигнал на остров Малта след корабокрушение. Когато Павел натрупал един куп храсти и ги сложил на огъня, една отровна змия излязла заради топлината и се впила в ръката му. Туземците видяли змията да виси на ръката му и решили, че бил убиец и дори и спасен от морето, божественото правосъдие не му давало да живее. Павел тръснал змията в огъня и не почувствал никакво зло. Като видяли, че не му се случва нищо, туземците променили мнението си и решили, че бил Бог (стих 6).

Тъй като Павел имал сърце, което било праведно в очите на Бога, той можел да представя силата Му до такава степен, че хората го считали за Бог.

Силата на Бога, който е светлина

Силата не се отдава, защото сме я пожелали. Тя се отдава само на онези, които приличат на Бог и са пречистени. Дори и днес, Бог търси хора, на които да отдаде силата Си и да ги използва като съдове. Ето защо в Марко 16:20 е записано: „А те излязоха и проповядваха навсякъде, като Господ им съдействаше и потвърждаваше словото със знаменията, които ги придружаваха." Исус казва в Йоан 4:48: „Ако не видите знамения и чудеса, никак няма да повярвате."

Повеждането на хиляди хора към спасението изисква небесна сила, можеща да представи чудеса и знамения, които от своя страна свидетелстват за живия Бог. В епохата, в която грехът и злото наистина изобилстват, чудесата и знаменията са още по-необходими.

Когато вървим в светлината и станем единни духом с нашия Баща Бог, ние можем да представим силата на Исус. Това е, защото Господ е обещал: „Истина, истина ви казвам, който вярва в Мене, делата, които върша Аз, и той ще ги върши, и по-големи от тях ще върши; защото Аз отивам при Отца." (Йоан 14:12).

Ако някой представи силата на духовното царство, възможна само за Бога, той трябва да бъде признат за Бог. В Псалми 62:11 пише: „Едно нещо каза Бог, да! Две неща чух - че силата принадлежи на Бога." Врагът-дявол и Сатаната не могат да представят силата, която принадлежи на Бога. Разбира се, тъй като са духовни същества, те притежават висша сила да заблуждават хората и да ги принуждават да се противопоставят на Бога. Едно нещо е сигурно: никое друго същество не може да имитира силата на Бога, който контролира живота, смъртта, благословиите, проклятията и историята на човечеството и създава нещо от нищото. Силата принадлежи на царството на Бога, който е Светлина и може да бъде представена само от онези, които са пречистени и са постигнали вярата на Христос.

Разликите между Божията власт, способност и сила

Когато говорят за способностите на Бога, много хора приравняват власт и способност или способност и сила, но между трите има голяма разлика.

„Способност" е силата на вярата, с която нещо невъзможно за хората е възможно за Бога. „Способност" е тържествената, важна и вълшебна сила, установена от Бога и в духовното царство състоянието на непорочност е сила. С други думи, властта е самото пречистване и онези пречистени деца на Бога, които напълно са отхвърлили злото и неистината от сърцата си, могат да получат духовна власт.

Какво е „силата"? Това е способността и властта на Бога, които Той дава на онези, които са избегнали всяко зло и са се пречистили.

Ето един пример. Ако един шофьор има „способност" да шофира, то служителят от отдела за движението по пътищата има „властта" да спира превозните средства. Тази власт – да спира превозните средства и да им позволява да вървят на пътя – е дадена на служителя от правителството. Следователно, дори и шофьорът да има „способността" да шофира, тъй като няма „властта" на транспортен служител, когато полицаят му каже да спре или да потегли, той трябва да се подчини.

По този начин, властта и способността се различават и комбинацията от двете е силата. В Матей 10:1 е записано: „И като повика дванадесетте Си ученици, даде им власт над нечистите духове - да ги изгонват и да изцеляват всякаква болест и всякаква немощ." Силата означава, както „властта" да се прогонват злите демони, така и способността да се лекуват болести и недъзи.

Различия между дарбата да лекуваме и силата

Онези, които не са запознати със силата на Бога, който е светлина, често я сравняват с дарбата за изцеление. Дарбата за изцеление в 1 Коринтяни 12:9 се отнася за изцелението на заболявания, причинени от вирус. Така не може да се лекува глухотата и немотата, произлизащи от недъгавост или от измирането на нервни клетки. Такива случаи на заболявания и недъзи могат да се лекуват само чрез силата на Бога и чрез молитви с вяра, които Го задоволяват. Докато силата на Бога, който е светлина, е представена по всяко време, дарбата за изцеление не винаги функционира.

Бог отдава дарбата за изцеление на онези, независимо от чистота на техните сърца, които обичат другите и се молят за тях и за духовете им. Тях Господ счита за ценни и полезни съдове. Въпреки това, ако дарбата за изцеление не се използва за славата Му, а по неправилен начин и за собствената изгода, Господ със сигурност ще Си я вземе обратно.

Силата на Бога се отдава само на онези, които са пречистили сърцето си; веднъж получена, тя не отслабва и не увяхва, защото приемникът никога не я използва за собствена изгода. Колкото повече човек наподобява сърцето на Господ, толкова по-висока степен на силата ще получи. Ако сърцето и поведението на човек станат единни с Бога, той може да представи дори силата на Исус Христос.

Има различия според начина, по който е представена Божията сила. Дарбата за изцеление не може да лекува тежки или редки заболявания и е по-трудно за хората със слаба вяра да бъдат излекувани с тази дарба. Въпреки това нищо не е невъзможно чрез силата на Бога, който е светлина. Ако пациентът покаже дори и малко вяра, той веднага е изцелен с Божията сила. Тук, "вяра" се отнася за духовната вяра, с която един човек вярва от все сърце.

Четири равнища на силата на Бога, който е светлина

Чрез Исус Христос, който е същият вчера и днес, всеки, който е считан за подходящ съд в очите на Бога, може да представи силата Му.

Има много различни равнища в представянето на Божията сила. Колкото повече израствате духовно, толкова

„Проливам сълзи ден и нощ.
Още повече ме болеше
когато хората ме гледаха като
„детето, болно от СПИН".

Господ ме излекува
със силата Си
и върна смеха на семейството ми.
сега съм толкова щастлив!

Естебан Хунинка от Хондурас, излекуван от СПИН

по-високо равнище на силата ще получите. Хората, чиито духовни очи са отворени, могат да видят различни равнища на светлината според равнището на Божията сила. Хората като човешки създания могат да представят четири равнища на силата Му.

Първото равнище на силата е представянето на Божията сила с червена светлина, която разрушава с огъня на Святия дух.

Огънят на Святия дух произлиза от първото равнище на силата, представено с червена светлина, който изгаря и лекува болести, включително причинените от бактерии и вируси. Болести като рак, белодробни заболявания, диабет, левкемия, бъбречни заболявания, артрит, сърдечни проблеми и СПИН, могат да бъдат излекувани с първото равнище на силата. За хората, които вече са преминали границата на живота, установена от Бога, каквито са случаите на последна фаза на ракови или белодробни заболявания, първото ниво на силата не е достатъчно.

Оздравяването на телесните органи, които са увредени

или не функционират правилно, изисква по-висша сила, която не само да ги излекува, но и да ги възстанови. Дори и в такива случаи, степента, в която пациентът представя вярата си и степента, в която близките му представят вярата си от любов към него, ще бъде определяща за равнището на Божията сила.

От своето основаване, в църквата Манмин са представени много случаи на първото равнище на силата. Когато хората спазваха Божието слово и получаваха молитва, бяха лекувани болести с различни етапи на тежест. Когато хората се здрависваха с мен или докосваха ръба на дрехите ми, когато получаваха молитва чрез кърпичките на които се молех или по телефона чрез записване на посланията, когато се молих върху снимки на пациенти, ние многократно сме били свидетели на изцерението.

Работата на първото равнище на силата не е ограничена до унищожаването чрез огъня на Святия дух. Макар и за момент, когато човек се моли с вяра, има вдъхновение или е изпълнен със Святия дух, може да представи дори по-голяма от Божията сила. Все пак, това е временно и не е доказателство за постоянно притежание на силата, което става единствено според волята Му.

Второто равнище е представянето на Божията сила чрез синята светлина.

В Малахия 4:2 пише: „А на вас, които се боите от името Ми,

ще изгрее Слънцето на правдата

с изцеление в крилата си;

и ще излезете и ще се разиграете като телета из обора." Хората, чиито духовни очи са отворени, могат да видят лъчите на изцелението.

Второто равнище на силата прогонва тъмнината и освобождава хората, обладани от демони, от Сатаната или от други зли сили. Редица умствени заболявания, предизвикани от силата на тъмнината, включително аутизъм, нервни кризи и др. са излекувани с второто равнище на силата.

Тези видове болести могат да бъдат предотвратени ако „се радваме винаги" и „сме благодарни за всичко". Ако мразите другите, ако подхранвате лоши чувства, мислите отрицателно и сте раздразнителни, тогава ще сте по-уязвими на тези болести. Когато са прогонени силите на Сатаната, които карат хората да притежават лоши мисли и сърца, всички умствени болести имат естествено изцеление.

Понякога с второто равнище на Божията сила се лекуват физически недъзи и заболявания. Такива болести и недъзи, причинени от работата на демоните и дявола, са излекувани чрез светлината на второто равнище на Божията сила. Тук „недъзи" означава израждането и парализирането на част от тялото, както е в случаите на немите, глухите, осакатените, слепите, парализираните по рождение и др.

В Марко 9:14 има сцена, в която Исус прогонва от тялото на едно момче „сляп и глух дух" (стих 25). Това момче оглушало и онемяло заради злия дух в него. Когато Христос прогонил духа, момчето веднага било излекувано.

По същия начин, когато причината за едно заболяване е силата на тъмнината, демоните и злите сили трябва да бъдат прогонени, за да оздравее пациентът. Ако човек страда от проблеми на храносмилателната система в резултат на нервна криза, причината трябва да бъде изкоренена чрез прогонване силата на Сатаната. При заболявания като

Една възрастна жена от Кения проходила след получаване на молитвата от амвона.

парализа и артрит, също могат да се открият следите на тъмните сили. Понякога, макар че според медицината няма физиологична причина, хората страдат от различни болежки по тялото им. Когато се моля за някой, който страда по този начин, хората, чиито духовни очи са отворени, често виждат силите на тъмнината в отвратителни животински форми да напускат тялото на пациента.

В допълнение към силите на тъмнината, открити в заболявания и недъзи, второто равнище на силата на Бога, който е светлина, може да прогонва тъмните сили от домовете, от работата или от бизнеса. Когато човекът, който може да представи второто равнище на силата посети хората, които страдат от преследвания на злите сили в дома им или на работното място, светлината заема мястото на тъмнината и тези хора получават благословии според делата им.

Връщането от смъртта или завършването на нечий живот според Божията воля, също принадлежи на второто равнище на силата. В тази категория влизат следните примери: апостол Павел съживява Евтих (Деяния 20:9-12); разочарованието на апостол Павел от Анания и Сапфира и

„Дори не исках да поглеждам тялото си
което бе напълно изгоряло...

Когато бях сама,
Той дойде при мен,
протегна ръка,
и ме сложи до Себе Си.

С Неговата любов и всеотдайност
получих нов живот.
Има ли нещо,
което не бих направила за Господ?"

Младши дякон Юндейк Ким,
излекувана от изгаряне от трета степен
по цялото тяло.

смъртта им, която той предизвиква (Деяния 5:1-11); Елисей, който проклина децата и те умират (4 Царе 2:23-24).

Все пак, има големи различия в работата на Исус, апостолите Павел и Петър и пророк Елисей. Само Бог, като Господ на всички духове, можел да позволи на някого да живее или да умре. Тъй като Исус е Бог, пожеланото от Исус, било пожеланото от Бога. Ето защо, Исус можел да връща хората от смъртта като им заповядвал с думите Си (Йоан 11:43-44), докато други пророци и апостоли трябвало да попитат за Божията воля и Неговото одобрение, за да съживят някого.

Третото равнище е представянето на Божията сила с бяла или безцветна светлина, придружена от знамения и работата на сътворението

На третото равнище на силата на Бога, който е светлина, са представени всякакви видове знамения и работата на сътворението. Тук, „знамения" означават изцеренията, чрез които слепите проглеждат, немите проговарят и глухите започват да чуват. Сакатите се изправят и прохождат, късите крака се издължават, детският паралич или мозъчната парализа се изцеляват напълно. Деформирани или напълно изродени части на тялото по рождение се възстановяват. Счупените кости се наместват, липсващите кости се създават, късите езици порастват и сухожилията се възстановяват. Освен това, тъй като светлините на първото, второто и третото равнище на силата на Бога са представени едновременно на третото равнище, всички болести и недъзи са лечими.

Дори и човек да изгори цялото си тяло с всички клетки и мускули, дори и плътта да е попарена с вряща вода, Бог може да създаде всичко отново. Той може да създаде нещо от нищото, да възстанови изкуствени и човешки органи.

В Централната църква Манмин, чрез молитва върху кърпичка или молитва, записана на автоматична телефонна проповед, вътрешните органи, които не функционират правилно се възстановяват. Увредените дробове се лекуват, а бъбреците и черният дроб, които имат нужда от трансплантация, започват да функционират нормално. Силата на творението непрекъснато се представя на третото равнище на Божията сила,.

Има нещо, което трябва да се изясни. С първото равнище на Божията сила е възможно възстановяване функцията на един болен орган. С третото равнище на Божията сила, силата на творението е възможно неговото възстановяване или създаване.

Четвъртото равнище е представянето на Божията сила чрез златната светлина и това е нейното изпълнение.

Според делата, представени от Христос, четвъртото равнище на силата управлява всичко, контролира времето и принуждава неодушевените предмети да се подчиняват. В Матей 21:19 Христос проклел една смокиня и тя изсъхнала. В Матей 8:23 има сцена, в която Исус смъмрил ветровете и вълните и настанало тишина. Дори природата и неодушевените предмети като ветровете и вълните, се подчинявали на Исус, когато им заповядвал.

Исус казал на Петър да навлезе в дълбоки води и да хвърли мрежите за риболов и когато Петър изпълнил казаното, хванал толкова много риба, че мрежите започнали

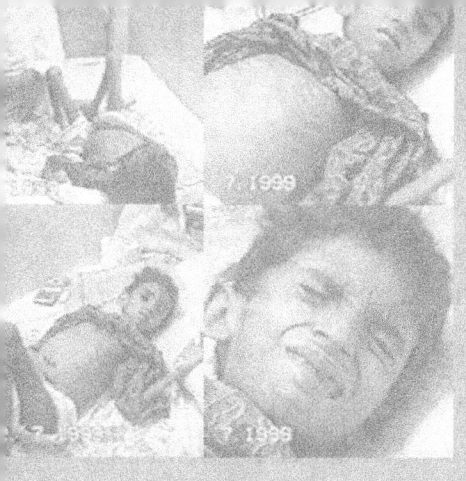

„Толкова е болезнено...
Толкова е болезнено,
че не мога да отворя очите
си...
Никой не знаеше какво
изпитвах,
но Бог знаеше всичко
и ме излекува."

Синтия от Пакистан,
излекувана от целиакия и илеус

да се късат (Лука 5:4-6). Друг път Исус му казал: „иди на езерото, хвърли въдица и измъкни рибата, която първа се закачи, и като разтвориш устата й, ще намериш един статир; вземи го и им го дай за Мен и за тебе." (Матей 17:24-27).

Тъй като чрез словото Си, Бог създал всички неща във вселената, когато Христос заповядвал, тя Му се подчинявала. По същия начин, когато имаме истинска вяра, ще бъдем сигурни в това, което искаме и в това, което не виждаме (Евреи 11:1). Тогава ще бъде представена силата, която създава всичко от нищото.

За четвъртото равнище на Божията сила няма граници във времето и пространството.

В някои случаи, представената от Исус сила преминава границите на времето и пространството. В Марко 7:24 е описана сцена, в която една жена се моли на Христос да излекува нейната дъщеря, обладана от демони. Когато видял майчината скромност и вяра, Исус й казал: „За тази дума – иди си. Бесът излезе от дъщеря ти". (стих 29). Жената се върнала вкъщи и намерила детето да лежи на леглото.

Демонът я напуснал.

Макар че Исус не посещавал лично всеки болен, когато виждал вярата на болните и заповядвал, изцеленията преминавали границите на времето и пространството.

Ходенето на Исус по водата също потвърждава факта, че всички неща във вселената се подчиняват на силата Му.

Исус казва в Йоан 14:12: „Истина, истина ви казвам, който вярва в Мене, делата, които върша Аз, и той ще ги върши, и по-големи от тях ще върши; защото Аз отивам при Отца." Както Той казва, удивителни дела на Божията сила са представени днес в Централната църква Манмин.

Например, случват се различни чудеса, които променят времето. Когато се моля, проливният дъжд мигновено спира; черният облак се премества, а ясното небе се изпълва с облаци. Има също многобройни примери, в които неодушевените предмети се вслушват в молитвата ми. Дори и в случая със смъртоносния за живота въглероден двуокис, една или две минути след моята заповед, човекът, който лежеше в безсъзнание се събуди и нямаше последствия. Когато се молих за един човек, който имаше изгаряния от трета степен, аз заповядах: „Парещо чувство, изчезни!" и болният повече не изпитваше болка.

Работата на Божията сила, която преминава границите на времето и пространството, е изумителна. Особено забележителен е случаят на Синтия, дъщеря на преподобния Уилсън Джоан Джил, старши пастор на църквата Манмин в Пакистан. Когато се молих за Синтия над нейната снимка в Сеул, Корея, тя бързо се възстанови, макар че докторите бяха безсилни.

На четвъртото равнище на силата е представена обединената сила на четирите равнища – силата да се лекуват болестите, да се прогонват злите сили, да се представят чудеса и знамения и да се заповядва над всичко.

Най-висшата сила на Творението

В Библията е описана представената от Исус сила, която надвишава четвъртото равнище и принадлежи на Създателя. Тази сила не е представена на същото равнище, на което хората могат да представят силата Му. Тя идва от първоначалната светлина от времето, когато Бог живеел сам.

В Йоан 11 Исус заповядал на Лазар, който бил мъртъв от четири дни и чието тяло било зловонно: „Лазаре, излез навън!" При тази заповед, умрелият излязъл с ръце и крака, повити в саван и лицето му, забрадено с кърпа (стих 43-44).

Когато човек отхвърли всяка форма на злото, когато стане чист, прилича на сърцето на Бога и духът му стане единен, той ще иде в духовното царство. Колкото повече знания е събрал от духовното царство, толкова по-могъща ще бъде представената от него Божия сила.

В този случай, той достига Божественото ниво, което е най-висшата сила на Творението. Когато човек постигне това, както времето, когато Бог създал всичко във вселената с Негова заповед, той също ще представя удивителните дела на творението.

Например, ако заповядва на един сляп човек: „Отвори очите си!", очите на слепия веднага ще се отворят. Когато заповяда на ням човек: „Говори!", немият човек веднага ще проговори. Когато заповяда на куция: „Изправи се!", куцият човек ще върви и ще тича. С неговата заповед белезите и раните ще заздравяват.

Това се постига чрез светлината и гласа на Бога, който съществува като светлина и звук отпреди началото на времената. Такъв е случаят с хората, които са преминали границите на живота, установени от Бога и болестите и недъзите, които не са могли да бъдат излекувани с първото, второто или третото равнище на силата.

Приемане на силата на Бога, който е светлина

Как можем да наподобяваме сърцето на Бога, който е светлина, да получим силата Му и да поведем безброй хора по пътя на спасението?

Първо, не само трябва да избягваме всяко зло и да се пречистим, но да постигнем добро сърце и да копнеем за най-висша доброта.

Ако не сте показали лоши чувства или несъгласие с някой, който ви е причинил зло или ви е наранил, може ли да се каже, че сте постигнали добрина в сърцето? Не, не е така. Дори и да не изпитвате неприязън или неудобство, търпеливи сте и издържате, в очите на Бога това е само първата стъпка към добрината.

На по-висше равнище на добрината, човек говори и се

държи по такъв начин, че да разчувства хората, които правят труден живота му или го нараняват. С най-висшата добрина, която е угодна на Бога, човек трябва да е готов да пожертва живота си за врага.

Исус простил на хората, които Го разпънали на кръста и свободно пожертвал за тях живота Си, защото притежавал най-висша добрина. Моисей и апостол Павел били готови да пожертват живота си за хората, които искали да ги убият.

Когато Бог искал да унищожи народа на Израел, който се противопоставил с идолопоклонничество, оплакване и недоволство срещу Него дори и след като били свидетели на големи чудеса и знамения, как отговорил Моисей? Той страстно се молил на Бога: „Но сега, ако искаш, прости греха им; но ако не, моля Ти се, заличи мен от книгата, която си написал." (Изход 32:32). Апостол Павел направил същото. Той казал в Римляни 9:3: „Защото бих желал сам аз да съм отлъчен от Христос заради моите братя, моите роднини по плът". Павел постигнал най-висшата добрина и винаги го придружавали велики дела на Божията сила.

След това трябва да постигнем духовна любов.

Любовта е намаляла в днешно време. Въпреки че много хора си казват взаимно „Обичам те", с течение на времето виждаме, че по-голяма част от тази любов е „плътска" и се променя. Любовта на Бога е духовна и всеки ден се облагородява. Тя е описана в 1 Коринтяни 13:

Първо, "Любовта дълго търпи и е милостива, любовта не завижда". Господ е простил всички наши грехове и грешки и е открил пътя към спасението като търпеливо изчаква дори онези, на които не може да се прости. При все това, дори и да изповядаме любовта ни към Бога, бързаме ли да представим греховете и грешките на нашите братя и сестри? Бързаме ли да осъждаме и да кълнем другите, когато нещо или някой не ни харесва? Завиждаме ли на някого, който живее добре и чувстваме ли се разочаровани?

След това, „любовта не се превъзнася, не се гордее". Дори привидно да изглежда, че възхваляваме Бога, ако искаме другите да приемат сърцето ни, да се открием, да пренебрегнем или да учим другите заради нашата власт или позиция, това би било гордост и хвалба.

Любовта "не безобразничи, не търси своето, не се раздразнява, не държи сметка за зло". Нашето грубо държане към Господ и хората, нашите капризни сърца и умове, които лесно се променят, нашите усилия да бъдем велики дори и за сметка на другите, нашите зле прикрити наранени чувства и др., не представляват любов.

В допълнение, любовта „не се радва на неправдата, а се радва заедно с истината". Ако имаме любов, винаги трябва да вървим и да се радваме в истината. Както пише в 3 Йоаново 1:4: „Няма по-голяма радост за мен от това, да слушам, че моите чеда ходят в истината." Истината трябва да бъде източник на нашето задоволство и щастие.

На последно място, любовта „всичко премълчава, на всичко хваща вяра, на всичко се надява, всичко търпи." Онези, които истински обичат Бога познават волята Му и вярват във всичко. Когато хората вярват в завръщането на нашия Господ, възкръсването на вярващите, небесните награди и др., те имат надежда, понасят трудностите и се стремят да изпълнят волята Му.

За да представи Своята любов, Бог, който е светлина, дарява със силата Си онези, които се подчиняват на истината. Той иска също да срещне и да отговори на всички, които се стремят да вървят в светлината.

Като разкриете себе си и отдадете сърцето си, нека вие, които желаете да получите Божията благословия и отговори, да станете подходящи съдове за Него и да изпитате силата му, моля се в името на Господ Исус Христос!

Послание 6

Очите на слепите ще се отворят

Йоан 9:32-33

„А откак свят светува, не се е чуло някой да е отворил очи на слепороден човек.
Ако Този Човек не беше от Бога, не би могъл нищо да направи."

В Деяния 2:22, Христовият ученик Петър приема Святия Дух и говори на евреите като цитира думите на пророк Иоил. „Израелтяни, послушайте тези думи: Исус от Назарет, за Когото Бог е свидетелствал между вас чрез велики дела, чудеса и знамения, които Бог извърши чрез Него между вас, както самите вие знаете." Доказателствата за Христовата сила, знаменията и чудесата свидетелствали, че Исус, когото евреите разпънали на кръст, наистина бил Месията, чието пришествие било записано в Стария завет.

По-нататък, самият Петър дошъл, за да представи Божията сила, след като приел и получил сила от Святия Дух. Той излекувал осакатен просяк (Деяния 3:8), хората извели болните на улицата, поставили ги на легла и носилки, за да може сянката на Петър да ги покрие, когато минавал покрай тях (Деяния 5:15).

Тъй като силата свидетелствала за присъствието на Бога и била най-сигурен начин да се посади семето на вярата в сърцата на невярващите, Бог я отдал на Неговите избраници.

Исус излекувал човек, който бил сляп по рождение

Историята в Йоан 9 описва срещата на Исус с един сляп човек. Учениците на Исус искали да знаят защо човекът не виждал по рождение. „Учителю, поради чий грях - негов ли или на родителите му, той се е родил сляп?" В отговор, Христос им обяснил, че човекът се родил сляп, за да може Божията работа да се представи в живота му. Тогава Той плюл на земята, направил кал със слюнката си, покрил с нея очите на слепия и му заповядал: „Иди, умий се в къпалнята Силоам." Човекът се подчинил веднага и очите му се отворили.

Въпреки че в Библията има и други хора, които Исус излекувал, този човек се отличава от всички останали. Той не молил Исус да го излекува, а Исус отишъл при него и го изцелил.

Защо слепецът получил такова милосърдие?

Първо, слепецът бил покорен.

Стореното от Христос било непонятно за обикновения човек – плюл на земята, забъркал кал, намазал с нея очите на слепия и заръчал да се изправи и да се измие в къпалнята на Силоам. Здравият разум не може да повярва, че слепият ще прогледне след намазване на очите му с кал. Повечето хора, чули тази заръка без да познават Христос, не само ще бъдат недоверчиви, но и ще се ядосат. С този човек не било така. Той се подчинил и измил очите си в къпалнята Силоам. За голямо удивление, те се отворили за първи път и той прогледнал.

Ако мислите, че Божието слово е несъвместимо със здравия разум или опит, опитайте се да спазите словото Му с покорно сърце, подобно на сърцето на слепеца. Тогава Божията милост ще ви обгърне и както неговите очи се отворили, така и вие ще изпитате чудеса.

На второ място, били отворени духовните очи на слепородения, които различавали истината от лъжата.

От разговора с евреите след неговото изцеление, можем да кажем, че макар и сляп, с добротата в сърцето си той различавал истината от лъжата. Евреите били духовно слепи, закрепостени в строгите граници на закона. Когато попитали за изцелението, човекът смело заявил: „Човекът, който се нарича Исус, направи кал, намаза очите ми и ми заръча: Иди на Силоам и се умий. И така, отидох и като се умих, прогледнах."

В недоумение, евреите му задали въпроса: „Ти какво ще кажеш за Него, след като ти е отворил очите?" и той отговорил „Пророк е". Според него, щом Исус бил толкова могъщ, че можел да го излекува от слепотата, Той трябвало да бъде Божи човек. Евреите го порицали подигравателно: „Въздай слава на Бога; ние знаем, че този човек е грешник." Колко лишено от логика било това? Бог не отвръща на молитвата на един грешник и не му дава сила да отвори очите на слепия, за да получи слава. Въпреки че евреите не могли да повярват и да разберат станалото, човекът продължил:

„Знаем, че Бог не слуша грешници; но ако някой е благочестив и върши Божията воля, него слуша.

А откак свят светува, не се е чуло някой да е отворил очи на слепороден човек.

Ако Този Човек не беше от Бога, не би могъл нищо да направи."

Още от времето на сътворението, слепите никога не проглеждали и всички, които слушали историята на този мъж, трябвало да се радват и да ликуват с него. Вместо това, евреите започнали да осъждат, да отричат и да бъдат враждебно настроени. В духовно отношение били невежи и считали, че Божията сила Му се противопоставяла. Въпреки това, в Библията е записано, че само Бог отваря очите на слепите.

Псалми 146:8 гласи: „Господ отваря очите на слепите;

Господ изправя прегърбените;

Господ обича праведните", а в Исая 29:18 пише: „И в онзи ден глухите ще чуят думи, като че ли се четат от книга,

и очите на слепите ще прогледнат от мрака и тъмнината."

Исая 35:5 гласи: „Тогава очите на слепите ще се отворят

и ушите на глухите ще се отпушат." Тук, „В онзи ден" и „Тогава" се отнася за времето, когато Исус дошъл и отворил очите на слепите.

Въпреки тези стихове и заръки, в своята строгост и консервативност, евреите не могли да повярват в работата на Бога, представена чрез Исус и вместо това го обвинили, че бил грешник, който не спазвал Божието слово. Слепият човек не познавал добре закона, но знаел истината: Бог не чува грешниците. Знаел също, че изцелението на слепите очи било възможно само от Бога.

Трето, след като получил Божията милост, слепият човек застанал пред Бога и решил да води нов живот.

Бил съм свидетел на много примери, в които хората на прага на смъртта, получават сила и отговори на различни проблеми в Централната църква Манмин. Въпреки това, съжалявам за онези, чиито сърца се променят дори и след като получат Божията милост и за онези, които пренебрегват вярата си и се връщат към светския живот. Когато изпитват болка и агония, тези хора се молят със сълзи: "Ще живея само за Бога ако се излекувам". Когато получат изцеление и

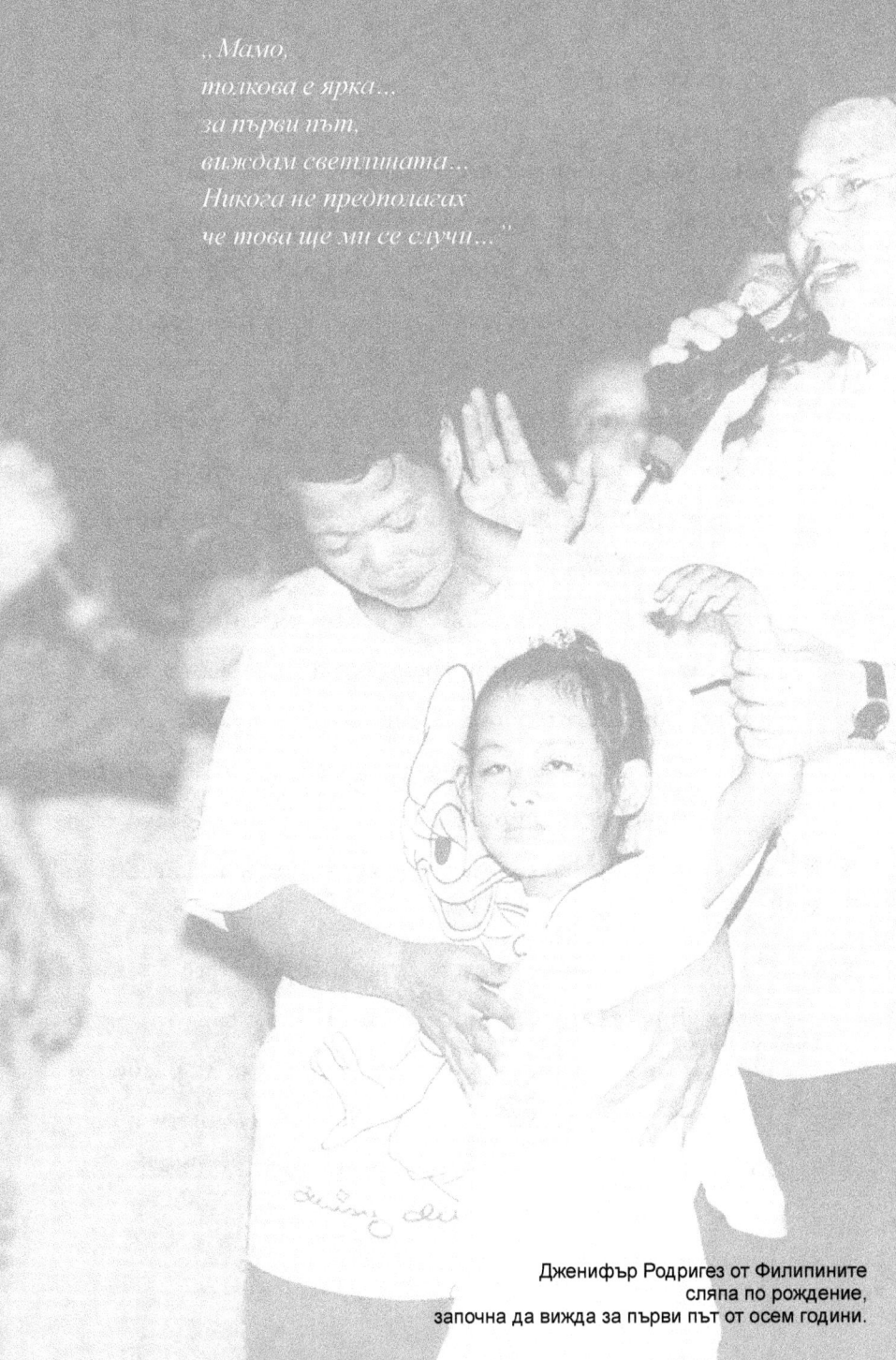

„Мамо,
толкова е ярка...
за първи път,
виждам светлината...
Никога не предполагах
че това ще ми се случи..."

Дженифър Родригез от Филипините
сляпа по рождение,
започна да вижда за първи път от осем години.

благословии, в търсене на собствените си изгоди, те забравят милосърдието и се отклоняват от истината. Дори техните телесни проблеми да са решени, това е безполезно, защото душите им са се отдалечили от спасението и са поели пътя към ада.

Този мъж, който бил роден сляп, имал добро сърце, което не можело да пренебрегне милосърдието. Ето защо, когато срещнал Исус, той не само бил излекуван от слепотата, но бил благословен със спасението. Когато Исус го попитал: „Ти вярваш ли в Божия син?" и мъжът отговорил: „А кой е Той, Господи, за да вярвам в Него?". Когато Христос отговорил: „И си Го видял и Който говори с тебе, Той е". Човекът признал: „Вярвам, Господи" (стихове 37-38) Човекът не просто „вярвал", той приел Исус като Христос. Той решил да следва само Господ и да живее само за Него.

Бог иска всички ние да застанем пред Него с такива сърца. Той иска от нас да Го търсим не само защото лекува нашите болести и ни благославя. Той иска да разберем Неговата истинска любов, която Неговият единствен Син дал за нас и да приемем Исус за наш Спасител. Освен това,

„Моето сърце ме доведе до това място...

Копнеех единствено за милосърдие...

Бог ми даде голям подарък.
Това, което ме ощастливява повече
от зрението
е фактът
че срещнах живия Бог!"

Мария от Хондурас,
която загубила зрението с дясното си око
на две-годишна възраст,
започнала да вижда след получаване на молитва
от д-р Джейрок Лий.

трябва да Го обичаме не само на думи, но и на дела според Божието слово. Той ни казва в 1 Йоаново 5:3: „Защото това е любов към Бога: да пазим Неговите заповеди; а заповедите Му не са тежки." Ако истински обичаме Бога, трябва да отхвърлим всяко зло в нас и да вървим в светлината всеки ден.

Когато молим Бога за нещо с такава вяра и любов, как би могъл Той да не ни отговори? В Матей 7:11 е записано: „И така, ако вие, които сте зли, знаете да давате блага на децата си, колко повече вашият Отец, Който е на небесата, ще даде добри неща на тези, които искат от Него!" Вярвайте, че нашият баща Бог ще отговори на молитвите на Своите скъпи деца.

Следователно, няма значение с какво заболяване или с какъв вид проблем сте застанали пред Бога. С признанието: „Господи, аз вярвам!", идващо от сърцето Ви, когато вярата ви е подкрепена с дела, Господ, който излекувал слепеца, ще излекува всички видове болести, ще направи възможно невъзможното и ще реши всичките ви проблеми в живота.

„Лекарите ми казаха, че скоро ще ослепея... нещата започнаха да избледняват...

Благодаря Ти, Господи, че ми даде светлината...

Аз те очаквах..."

Преподобният Рикардо Моралес от Хондурас, който почти ослепял след катастрофа, но започнал да вижда.

Отваряне очите на слепите в Централната църква Манмин

От своето основаване през 1982 година, Манмин прославя Бога чрез отваряне очите на слепите. Много хора, родени слепи по рождение, започнаха да виждат след молитва. Беше възстановено зрението на онези, които носиха лещи или очила и не виждаха добре. Следват няколко примера, избрани от многото удивителни изповеди.

По време на Великата Обединена Мисия в Хондурас през юли, 2002 година, имаше едно дванадесет-годишно момиче на име Мария, загубило зрението си с дясното око след тежко заболяване на две-годишна възраст. Нейните родители напразно опитвали да възстановят зрението й. Дори и трансплантацията на роговицата била неуспешна. През следващите десет години след операцията, Мария не можела да вижда дори светлината с дясното си око.

Праз 2002 година, в желанието си да получи Божието милосърдие, Мария присъства на мисията, получи молитвата ми, започна да вижда светлината и скоро възстанови зрението си. Нервите в дясното й око бяха изцелени с Божията сила. Колко удивително е това? Безчетен брой хора в Хондурас тържествуваха и възкликваха: „Бог наистина е жив и работи всеки ден!"

Пасторът Рикардо Моралес почти напълно ослепял, но възстанови зрението си изцяло със сладката вода Муан. Седем години преди мисията в Хондурас, пастор Рикардо претърпял автомобилна катастрофа, в която ретината му била увредена и получил тежък кръвоизлив. Лекарите казали, че зрението му постепенно ще отслабва и накрая ще ослепее. Въпреки това, той беше излекуван в първия ден на конференцията на църковните водачи през 2002 година в Хондурас. След като чу Божието слово, пастор Рикардо с вяра намокри очите си със сладка вода Муан и за негово удивление, веднага започна да различава нещата. Отначало пастор Рикардо не можеше да го повярва. Същата вечер, с очила на очите, той присъства на първата сесия на мисията. Очилата паднаха и той чу гласа на Святия дух: „Ако не свалиш сега очилата си, ще останеш сляп". Пастор Рикардо свали очилата си и откри, че може да вижда добре. Зрението му беше възстановено и той възхвалява Бога.

В църквата Манмин в Найроби, Кения, един младеж на име Комбо, посети своя роден град, разположен на около 400 км (около 250 мили) от църквата. По време на своето посещение, той проповядва евангелието на семейството си и разказа за удивителните дела на Бога в Централната църква Манмин в Сеул. Той се моли за тях с кърпичката, над която аз се бях молил. Комбо подари на семейството си един църковен календар.

След като чул внука си да проповядва евангелието, бабата на Комбо, която била сляпа, пожелала: „Бих искала да видя снимка на доктор Джейрок Лий", докато държала календара в ръцете си. Последвало чудо. Веднага щом бабата на Комбо разгърнала календара, очите й се отворили и тя била в състояние да види снимката. Алилуя! Семейството на Комбо изпита лично силата, която отваря очите на слепите и повярва в живия Бог. По-късно, когато новината се разпространила, хората искали в селото им също да се издигне филиал на църквата.

Чрез хиляди проявления на силата по целия свят, вече има многобройни филиали на църквата Манмин и светото евангелие се проповядва в четирите краища на земята. Когато разберете и повярвате в делата на Божията сила, вие също може да наследите благословиите Му.

Както ставало и по времето на Христос, вместо да ликуват и заедно да възхваляват Бога, много хора осъждат, отричат и говорят срещу работата на Святия Дух. Трябва да осъзнаем, че това е ужасен грях, както Исус изрично казва в Матей 12:31-32:

„Затова ви казвам: Всеки грях и хула ще се прости на човеците; но хулата против Духа няма да се прости.

И ако някой каже дума против Човешкия Син, ще му се прости; но ако някой каже дума против Святия Дух, няма да му се прости - нито в този свят, нито в бъдещия."

За да не се противопоставяме на работата на Святия Дух и вместо това да изпитаме удивителните дела на Божията сила, трябва да разберем и да копнеем за работата Му, както слепецът в Йоан 9. Според това колко хора са се подготвили като съдове, за да получат отговори с вярата, някои от тях ще изпитат Божията работа, а други, не.

В Псалми 18:25-26 е записано:
„Към милостивия, Господи, милостив ще се явиш,
към непорочния непорочен ще се явиш.
Към чистия чист ще се явиш
и към развратния противен ще се явиш."

Нека всеки от вас, чрез вярата в Бога, който ни награждава според стореното и според делата ни, да стане приемник на Неговите благословии, моля се в името на Исус Христос!

Послание 7

Хората ще се изправят, ще скачат и ще вървят

Марко 2:3-12

„Дойдоха и донесоха при Него един паралитик. Носеха го четирима.
И като не можаха да се приближат до Него поради народа, разкриха покрива на къщата, където беше, пробиха го и пуснаха постелката, на която лежеше паралитикът.
А Исус, като видя вярата им, каза на паралитика: Синко, прощават ти се греховете.
А там имаше някои от книжниците, които седяха и размишляваха в сърцата си:
Този защо говори така? Той богохулства. Кой може да прощава грехове освен единствено Бог?
Исус, като разбра веднага с духа Си, че така размишляват в себе си, им каза: Защо размишлявате това в сърцата си?
Кое е по-лесно - да кажа на паралитика: Прощават ти се греховете, или да кажа: Стани, вдигни постелката си и ходи?
Но за да познаете, че Човешкият Син има власт на земята да прощава грехове (каза на паралитика):
На тебе казвам: Стани, вдигни постелката си и си иди у дома.
И той стана веднага, вдигна си постелката и излезе пред всички; така че всички се зачудиха и славеха Бога, и казваха: Никога не сме виждали такова нещо."

В Библията е записано, че по времето на Христос, много осакатени или парализирани хора напълно били изцелени и страстно възхвалявали Бога. Както Бог обещал в Исая 35:6, „Тогава куцият ще скача като елен
и езикът на немия ще пее;
защото в пустата земя ще избликнат води
и потоци - в пустинята." И отново в Исая 49:8: „Така казва Господ: В благоприятно време те послушах
и в спасителен ден ти помогнах;
ще те опазя и ще те дам за завет на народа,
за да възстановиш земята,
за да ги направиш да завладеят запустелите наследства".
Бог не само ще ни отговори, но ще ни поведе към спасение.

Това е видимо в днешно време в Централната църква Манмин, където чрез работата на удивителната Божия сила хиляди болни започнаха да вървят, изправиха се от инвалидните столове и изхвърлиха патериците.

С какъв вид вяра парализираният мъж, описан в Марко 2, се изправил пред Исус и получил благословии и отговори.

Моля се онези от вас, които в момента не могат да ходят заради някакво заболяване, да се изправят, да вървят и да тичат отново.

Парализираният мъж чува новини за Исус

В Марко 2 е описана подробно историята на един парализиран мъж, който бил изцерен от Исус, когато посетил Капернаума. В този град живял много беден парализиран човек, който не можел да седи сам без ничия помощ и бил жив само защото не можел да умре. Той чул мълвата за Христос, който отварял очите на слепите, карал инвалидите да седнат, прогонвал злите духове и лекувал хората от различни видове болести. Тъй като мъжът имал добро сърце, когато чул новината за Христос, той запомнил всичко и страстно желаел да Го срещне.

Един ден парализираният мъж разбрал, че Исус бил в Капернаум. Колко ли радостен и щастлив е бил в очакване да Го види? Въпреки това, не можел сам да се движи и потърсил приятели, които да го заведат при Исус. За щастие, приятелите му също познавали мълвата за Христос и се съгласили да му помогнат.

Парализираният мъж и неговите приятели отишли при Исус

Парализираният мъж и неговите приятели пристигнали в къщата, в която проповядвал Исус, но имало голяма тълпа и не могли да си намерят място до вратата, още по-малко да влязат вътре. Обстоятелствата не им позволявали да отидат пред Исус. Трябвало да се молят на хората: „Моля ви, отдръпнете се! Носим критично болен!" Къщата и околността били претъпкани от народ. Ако нямали достатъчно вяра, парализираният мъж и приятелите му щели да се върнат вкъщи без да срещнат Христос.

Въпреки всичко не се отказали, а показали вярата си. След като помислили как да срещнат Исус, те пробили отвор в покрива на къщата над Исус и се промушили през него. Макар и по-късно да трябвало да се извинят на собственика и да платят за щетите, те били отчаяни да срещнат Христос.

Вярата се придружава с дела и делата с вяра могат да се

представят само, когато се смирите със скромно сърце. Мислили ли сте си някога: „Дори и да искам, сега не мога физически да отида на църква"? Ако парализираният мъж беше признал стотици пъти: „Господи, вярвам, че знаеш, че не мога да Те срещна, защото съм парализиран. Вярвам също, че ще ме излекуваш, дори и да си лежа в леглото", не бихме могли да кажем, че това е изблик на вяра.

Независимо какво би му струвало, парализираният мъж отишъл при Исус, за да получи изцеление. Той вярвал и бил убеден, че можел да се излекува, когато срещне Исус и помолил своите приятели да го придружат. Освен това, приятелите му също вярвали, те му помогнали като пробили отвор и се промъкнали през покрива на непознат човек.

Ако вярвате истински, че ще бъдете изцелени от Бога, ако се изправите пред Него, това е доказателство за вашата вяра. Ето защо, след като пробили отвор в покрива, приятелите спуснали парализирания мъж на една носилка пред Исус. По онова време покривите в Израел били плоски и до тях имало стъпала във всяка къща. Керемидите на покрива лесно можели да се отместят. Тези обстоятелства позволили на парализирания мъж да се доближи до Исус повече от всички останали.

Можем да получим отговори след като разрешим проблема за греха

В Марко 2:5 виждаме, че Исус бил доволен от вярата на парализирания мъж. Преди да го излекува, казал: „Синко, прощават ти се греховете". Това е, защото опрощението на греховете трябва да предшества изцерението.

В Изход 15:26 Бог казва: „Ако внимателно слушаш гласа на Господа, своя Бог, и вършиш онова, което Му е угодно, и слушаш заповедите Му, и пазиш всичките Му наредби, няма да те поразя с нито една от болестите, с които поразих египтяните; защото Аз съм Господ, Който те изцелявам."„Болестите, с които поразих египтяните" се отнасят за всички познати болести. Ако спазваме Божите заповеди и живеем праведно, Бог ще ни закриля, за да не се разболяваме. Във Второзаконие 28 Бог ни обещава, че докато спазваме словото Му, нито една болест няма да ни обхване. В Йоан 5 Исус излекувал човек, който бил болен от тридесет и осем години и му казал: „Ето, ти си здрав; не съгрешавай вече, за да не те сполети нещо по-лошо."

Тъй като всички болести идват от греха, преди да излекува парализирания мъж, Исус му простил. Все пак, да отидете пред Исус не означава винаги да бъдете опростени. За да бъдем изцерени, трябва първо да се разкаем за греховете ни и да се отдалечим от тях. Ако сте били грешници, не трябва повече да съгрешавате; ако сте били лъжци, не трябва повече да лъжете; ако сте мразили другите, не трябва повече да мразите. Бог прощава само на онези, които спазват словото Му. Признанието „Аз вярвам" не ви осигурява опрощение; когато отидем в светлината, кръвта на нашия Господ естествено ще ни пречисти от всичките ни грехове (1 Йоаново 1:7).

Парализираният мъж върви с Божията сила

В Марко 2 виждаме, че след като получил опрощение, парализираният мъж се изправил, взел постелката си и излязъл навън пред очите на всички присъстващи. Той лежал на носилка пред Исус и бил излекуван в момента, в който Исус му казал: „Синко, прощават ти се греховете" (стих 5). Вместо да се радват за изцелението, учителите на закона заспорили. Когато Исус казал: „Синко, прощават ти се греховете", те помислили: „Този защо говори така? Той богохулства. Кой може да прощава грехове освен единствено Бог?"

Тогава Христос отговорил:

„Защо размишлявате това в сърцата си?

Кое е по-лесно - да кажа на паралитика: Прощават ти се греховете, или да кажа: Стани, вдигни постелката си и ходи?

Но за да познаете, че Човешкият Син има власт на земята да прощава грехове".(стихове 8-10).

Когато Исус казал: „Стани, вдигни постелката си и си иди у дома" (стих 11), човекът веднага се изправил и проходил. С други думи, за да бъде излекуван, той първо получил опрощение за греховете си и Бог подкрепил всяка дума на Исус. Това също е доказателство, че всемогъщият Бог представя Исус като Спасител на човечеството.

Примери, в които хората се изправят, скачат и ходят

В Йоан 14:11 Исус казва: „Вярвайте Ми, че Аз съм в Отца и че Отец е в Мен; или пък Ми вярвайте поради самите дела." Следователно, трябва да вярваме, че бащата Бог и Исус са едно и също чрез доказателството, че парализираният мъж, който застанал пред него, бил опростен, изправил се, подскочил и проходил след нареждането на Исус.

В Йоан 14:12, Христос казва: „Истина, истина ви казвам, който вярва в Мене, делата, които върша Аз, и той ще ги върши, и по-големи от тях ще върши; защото Аз отивам при Отца." Тъй като вярвах напълно в Божието слово, след като станах Божи служител, аз се молих и постих много дни, за да получа силата Му. Впоследствие в църквата Манмин започнаха случаите на излекуване на болести, нелечими за медицината.

С благословията на църквата, пациентите получават по-бързо лечение и повече критични болести са изцерени. По време на ежегодните двуседмични служби между 1993 и 2004 година и световните обединени мисии, безброй хора по целия свят изпитаха удивителната сила на Бога.

Следват някои от многото примери, в които хората се изправят, скачат и вървят.

Един човек се изправи след девет-годишно седене в инвалиден стол

Първият пример е за Дякон Янсап Ким. През месец май, 1990 година, той паднал от пет-етажна височина докато вършил електрическа работа в града на науката Тейдок в Южна Корея. Това се случило преди Ким да започне да вярва в Бога.

Веднага след падането, той бил отведен в болницата Сан в Ясанг, провинция Чунгнам, където лежал в кома в продължение на шест месеца. Когато дошъл в съзнание изпитвал непоносима болка от счупването на 11ти и 12ти прешлен. Лекарите в болницата го информирали за критичното му състояние и няколко пъти постъпвал в различни болници. Състоянието му нямало изменение или подобрение и Ким бил признат за инвалид от първа категория. Непрекъснато носил скоби около кръста за гръбначния стълб. Не бил в състояние да легне и спял седнал.

В този труден период, Ким бил покръстен и дошъл в Манмин, за да започне живот в Исус. Когато посетил специалната служба за Божествено лечение през месец

„Моите обездвижени
крака и кръст...
моето вкочанено сърце...

Не можех да лежа,
не можех да вървя...
На кого мога да
разчитам?

Кой ще ме приеме?
Как да живея?"

Дякон Юнсуп Ким
в неговия инвалиден стол.

*„Алилуя!
Бог е жив!
Можете ли да видите, че вървя?"*

Дякон Ким се радва
с други членове на Манмин
след като бил излекуван
с молитвата
на д-р Джейрок Лий.

ноември, 1998 година, Ким имал невероятно преживяване. Преди да започне службата, той не беше в състояние да лежи по гръб или сам да използва тоалетната. След като получи молитвата ми, той стана от инвалидния стол и проходи с патерици.

За да получи пълно изцеление, дякон Ким съвестно посещаваше всички служби и срещи и не спираше никога да се моли. В своята подготовка за седмата двуседмична религиозна служба през месец май, 1999 година, той пости в продължение на двадесет и един дни. Когато се молих за болните от амвона по време на първата сесия на службата, дякон Ким почувствал силен лъч светлина върху себе си и се видял да тича. През втората седмица на службата, когато положих ръце върху него и се помолих, той почувствал тялото си по-леко. Когато огънят на Святия Дух се спусна по краката му, той получи неизвестна за него сила. Изхвърли поддържащите гърба му скоби и патерици, проходи без никаква трудност и започна да движи свободно кръста си.

С Божията сила, дяконът започна да ходи като нормален човек, да кара колело и съвестно да служи на църквата. Наскоро Ким се ожени и има истинско щастливо семейство.

Един човек се изправи от инвалиден стол след като получи молитва върху кърпичка

В Манмин се случват удивителна събития и чудеса, записани в Библията и чрез тях Бог е още по-възхваляван. Едно от тези събития и чудеса е представянето на Божията сила чрез кърпички.

В Деяния 19:11-12 е записано:

„При това Бог вършеше особени велики дела чрез ръцете на Павел; дотолкова, че когато носеха на болните кърпи или престилки от неговото тяло, болестите изчезваха от тях и злите духове излизаха от тях."

Когато хората занесат на болните кърпичките, над които съм се молил или други предмети по тялото ми, стават удивителни изцерения. Много хора в целия свят са ни молили да проведем служби с кърпички. Хиляди болни в Африка, Пакистан, Индонезия, Филипините, Хондурас, Япония, Китай, Русия и много други изпитват също „изключителни чудеса".

През месец април, 2001 година, един от пасторите на Манмин проведе служба с кърпички в Индонезия, на която много хора получиха изцерение и възхваляваха живия Бог.

Сред тях беше и бивш държавен ръководител, който живееше на инвалиден стол. Новината за изцелението му чрез молитва върху кърпичка се разпространи бързо.

През месец май, 2003 година, друг пастор от Манмин проведе мисия с кърпички в Китай, на която, сред множество случаи на изцеление, един човек проходи след 34-годишна зависимост от патерици.

Гейниш изхвърли своите патерици по време на фестивала за лечение чрез молитви в Индия през 2002 година

По време на фестивала за лечение чрез молитви в Индия през 2002 година, проведен в Марина Бийч в Чинай – предимно индуска област в Индия, се събраха над три милиона души, които станаха лично свидетели на удивителната работа на Божията сила. Много от тях станаха християни. Преди провеждането на тази мисия, мъртвите клетки и костите се възстановяваха бавно. След мисията в Индия, процесът на изцеление промени функциите на човешкото тяло.

Сред хората, които получиха лечение, беше едно

„Не усещам повече
деветте пирона,
които се впиваха
в моята плът и кост!

Преди не можех да се изправя
заради болката,
но сега мога да вървя!"

Гейнеш започна да върви
без патерици
след като получи молитва
от д-р Джейрок Лий.

шестнадесет-годишно момче на име Гейниш, което паднало от колелото и наранило таза си. Трудната финансова ситуация вкъщи не му позволявала да се лекува правилно. След една година в костта се развил тумор и се наложило да отстранят лявата тазобедрена кост. Лекарите вмъкнали метална плочка, която прикрепили с девет пирона. Огромната болка, която причинявали, не му позволявала да слиза и да се качва по стъпала, нито да ходи без патерици.

Гейниш присъствал на мисията и изпитал огненото дело на Святия дух. На втория ден от четиридневната мисия, когато получил „молитва за болните", той почувствал тялото му да се затопля, сякаш бил потопен в съд с вряща вода и повече не изпитвал никаква болка. Качил се на сцената и свидетелствал за своето изцеление. От този момент нататък, той повече не изпитваше болка в тялото си, не използваше патерици и можеше свободно да тича и да върви.

Една жена стана от инвалиден стол в Дубай

През април, 2003 г., докато бях в Дубай, Обединените Арабски Емирства, една жена веднага стана от инвалидния

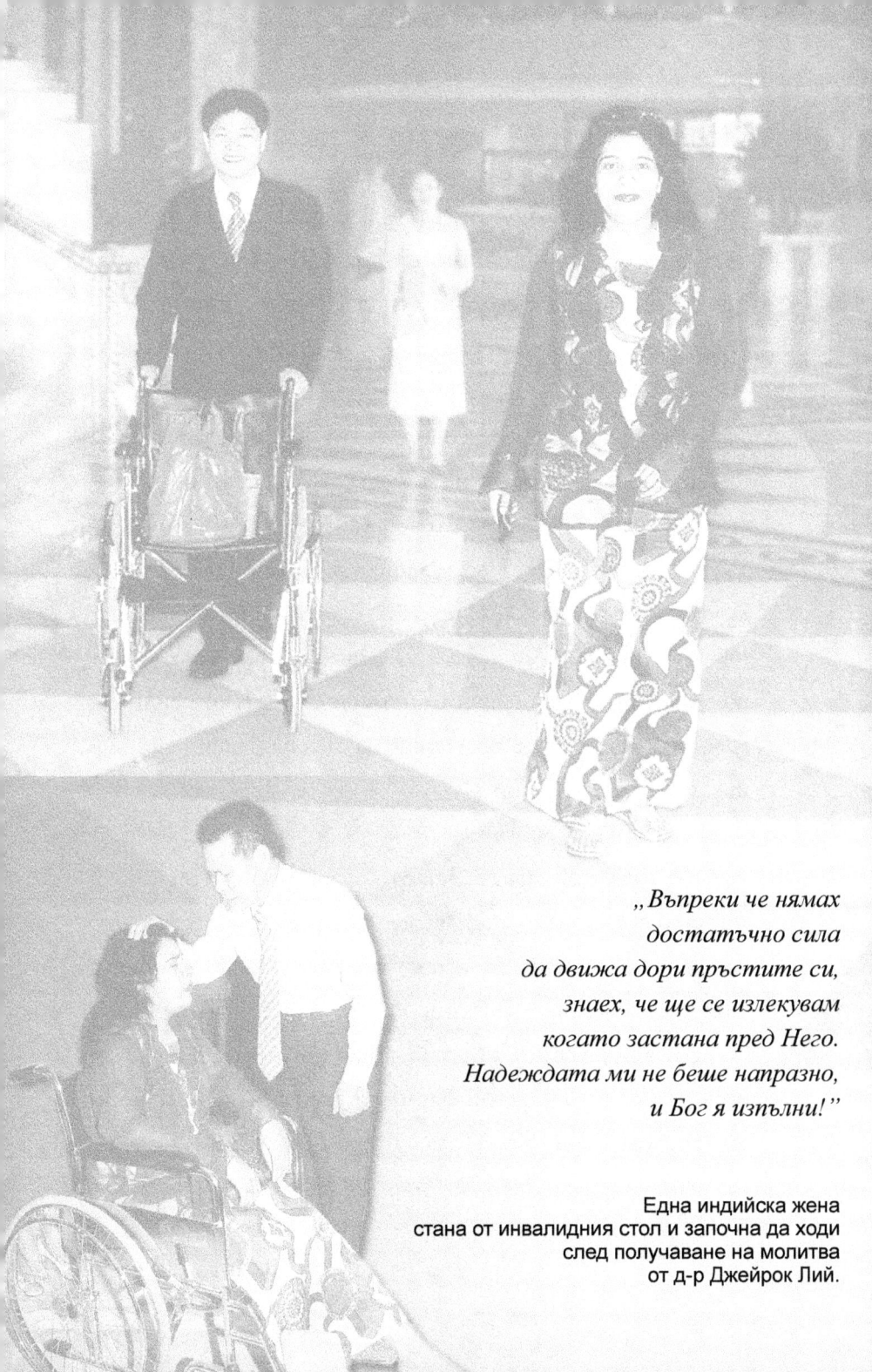

*„Въпреки че нямах
достатъчно сила
да движа дори пръстите си,
знаех, че ще се излекувам
когато застана пред Него.
Надеждата ми не беше напразно,
и Бог я изпълни!"*

Една индийска жена
стана от инвалидния стол и започна да ходи
след получаване на молитва
от д-р Джейрок Лий.

стол след като получи молитва. Тя беше интелигентен човек, завършила образованието си в САЩ. Поради лични проблеми, страдаше от умствено заболяване, усложнено от последствията на автомобилна катастрофа.

Когато я видях за първи път, не можеше да върви, нямаше сили да говори и не можеше сама да вдигне очилата си от земята. Беше прекалено слаба, за да пише или да държи чаша с вода. Изпитваше огромна болка, когато другите я докосваха. След молитвата жената стана от инвалидния стол. Дори и аз бях удивен от тази жена, която няколко минути преди това нямаше достатъчно сили да говори, а сега беше в състояние да събере нещата си и да излезе от стаята.

Еремия 29:11 казва: „Защото аз зная мислите, които мисля за вас, казва Господ, мисля за мир, а не за зло, за да ви дам бъдеще и надежда." Нашият баща Бог толкова ни обича, че отдал Своя единствен Син.

Ето защо, дори и животът ви да е нещастен, защото страдате от физически недъг, имате надежда за щастлив и здравословен живот с вярата в бащата Бог. Той не иска да види нито едно от децата Си в изпитания и страдания. Той копнее да дари всички с мир, радост, щастие и бъдеще.

Историята за парализирания човек в Марко 2 описва начините и методите, с които можете да получите отговори на вашите желания. Нека всеки от вас да вярва и да получите всичко, което искате, моля се в името на Исус Христос!

Послание 8
Хората ще се радват, ще танцуват и ще пеят

Марко 7:31-37

„След като излезе пак из Тирските земи, Исус дойде през Сидон към Галилейското езеро, като прекосяваше пределите на Десетоградие.
И доведоха при Него един глух и заекващ човек и Му се помолиха да положи ръка на него.
Исус, като го отведе от народа насаме, втъкна пръстите Си в ушите му и като плюна, докосна се до езика му;
и погледна към небето, въздъхна и му каза: Еффата, което значи: Отвори се.
И ушите му се отвориха и връзката на езика му се развърза, и той говореше чисто.
И Исус им заръча на никого да не кажат това; но колкото повече им заръчваше, толкова повече те го разгласяваха;
защото се чудеха твърде много и казваха: Всичко върши отлично; и глухите прави да чуват, и немите да говорят."

В Матей 4:23-24 намираме следното:

„Тогава Исус ходеше по цяла Галилея и поучаваше в синагогите им, и проповядваше благовестието на царството, като изцеляваше всякаква болест и всякаква немощ сред народа.

И се разнесе слух за Него по цяла Сирия; и довеждаха при Него всички болни, измъчвани от разни болести и страдания, обладани от бесове, епилептици и парализирани; и ги изцели."

Исус не само проповядвал Божието слово и добрите новини на царството, но излекувал много хора, страдащи от различни болести. Чрез лечението на заболявания, за които медицината била безпомощна, словото на Исус оставало в сърцата на хората и Той ги водил към рая чрез вярата им.

Исус излекувал глухоням човек

В Марко 7 е представена историята за времето, когато Христос пътувал от Тирските земи през Сидон към Галилейското езеро, прекосявайки пределите на Десетоградие и излекувал глухоням човек. Ако някой „едвам говорил", това означавало, че заеквал и не можел да говори красноречиво. Човекът от този разказ говорил в детството си, но по-късно оглушал и едвам приказвал.

„Глухоням" е онзи, който никога не се научил да говори поради глухота, а „брадиакузия" се отнася до трудността да се чува. Има различни причини човек да остане глухоням. Първата е наследствената. Втората е детето да се роди глухо ако майката е боледувала от рубеола или е взимала погрешни лекарства по време на бременност. В третия случай, детето може да е боледувало от менингит на три или четиригодишна възраст – времето, когато се учи да говори. В случай на брадиакузия, при спукване на тъпанчето, може да бъде използван слухов апарат, но той няма да е ефикасен при засягане на слуховия нерв. В другите случаи, в които човек работи сред шумна среда или с напредване на възрастта се счита, че няма лечение.

Човек може също да оглушее или да онемее ако е обзет от демони. Трябва да бъдат прогонени злите сили и болният веднага ще оздравее. В Марко 9:25-27, Исус заповядва на злия дух в едно момче, което не можело да говори: „Душе ням и глух, Аз ти заповядвам: Излез от него и да не влезеш повече в него." Злият дух веднага напуснал детето и то оздравяло.

Вярвайте, че когато Господ работи, никакви болести или слабости няма да ви заплашват. Ето защо в Еремия 32:27 пише: „Ето, Аз съм Господ, Бог на всяка твар; има ли нещо трудно за Мене?" Псалми 100:3 гласи: „Познайте, че Господ е Бог;

Той ни е направил и ние сме Негови;

Негов народ сме и овце на пасбището Му." Псалми 94:9 напомня: „Онзи, Който е поставил ухото, не чува ли?

Който е създал окото, не вижда ли?" Всичко е възможно, когато вярваме от сърце във всемогъщия баща Бог, който създал очите и ушите ни. Ето защо за Христос, който дошъл на земята като човек от плът, всичко било възможно. Както откриваме в Марко 7, когато Исус излекувал глухонемия, ушите му се отворили и думите му станали членоразделни.

Когато не само вярваме в Исус Христос, но молим за Божията сила със зряла вяра, делата, записани в Библията, ще се случат и днес. Евреи 13:8 казва: „Исус Христос е същият вчера, днес и до века." Ефесяни 4:13 гласи: „докато всички достигнем в единство на вярата и на познаването на Божия Син, в пълнолетно мъжество, в мярката на ръста на Христовата пълнота." Дегенерацията на човешки органи или глухотата, предизвикана от умъртвяването на нервни клетки, не може да бъде излекувана чрез дарбата за изцеление. Лечението ще се изпълни едва когато индивидът получи силата и властта от Бога и се моли в съответствие с волята Му.

Примери за изцелението на глухонеми с Божията сила в църквата Манмин

Присъствал съм в много случаи на излекуване на

Благодарствена песен
от хората
които били излекувани от глухотата си

„С живота,
Който ни даде
ще вървим
на земята
и ще копнеем за Теб.

Душата ми, чиста като кристал
идва при Теб."

Дякон Нейпшим Парк благодари на Бога след нейното
излекуване от 55-годишна глухота.

брадиакузия или на глухонеми хора, които започваха да чуват за първи път. Имаше двама души, които чуваха за първи път от 55 и 57 години.

През септември, 2000 г., когато ръководих изцерителна служба в Нагоя, Япония, тринадесет души, които страдаха от заболявания на слуховия апарат, започнаха да чуват след получаване на молитва. Новините за тях чуха множество болни в Корея, които присъстваха на деветата двуседмична служба през месец май, 2001 г. Те оздравяха и възхваляваха Бога.

Сред тях беше 33-годишна жена, която не чуваше след преживяна катастрофа на осем-годишна възраст. Бяха я довели в църквата малко преди службата през 2001 г. и тя се подготвяше да получи отговори. Посещаваше ежедневната „служба на Данаил" и се разкайваше за греховете си в миналото. След подготовката й, тя присъства на лечебната служба. По време на последната сесия от службата, когато положих ръка над глухонемите и се молих за тях, тя не почувства веднага промяна. Въпреки това, не беше разочарована. Тя видя щастието и благодарността на онези, които оздравяха и повярва още повече, че и тя може да се излекува.

Бог видя вярата й и я излекува малко след края на службата. Божията сила се представяше дори и след завършването на молитвата. Освен това, тя се подложи на тест, според който слухът й беше възстановен напълно. Алилуя!

Изцелението на вродена глухота

Могъществото на Божията сила нарастваше всяка година. По време на мисията за лечение в Хондурас през 2002 г., огромен брой глухи и неми хора започнаха да чуват и да говорят. Развълнувана и благодарна беше дъщерята на отговорника на отдела за сигурност, излекувана от вродена глухота.

Едното ухо на осем-годишната Маделин Йеймин Беиртър, не било развито правилно и тя постепенно спряла да чува. Когато разбрала за мисията, Маделин помолила баща си да я заведе. Тя получи молитвата ми за всички болни и слухът й беше възстановен. Баща й работеше предано за мисията и Бог по този начин благослови детето му.

По време на службата за изцеление в Индия през 2002 г., Дженифър нямала повече нужда от слуховия апарат

Въпреки че не беше възможно да запишем всички случаи на изцеление на слуха по време на службата в Индия, макар и с няколко избраници, ние сме принудени да благодарим и да възхваляваме Бога. Сред тези случаи е историята на едно момиче на име Дженифър, което било глухонямо по рождение. Лекарят й предписал слухов апарат, за да подобри слуха й, но я предупредил, че няма да чува перфектно.

Майката на Дженифър ежедневно се молила дъщеря й да чува и отишли на службата. Майката и дъщерята седнали до един от високоговорителите, защото високият звук не бил

Дженифър е излекувана от вродената глухота и оценката на нейния лекар

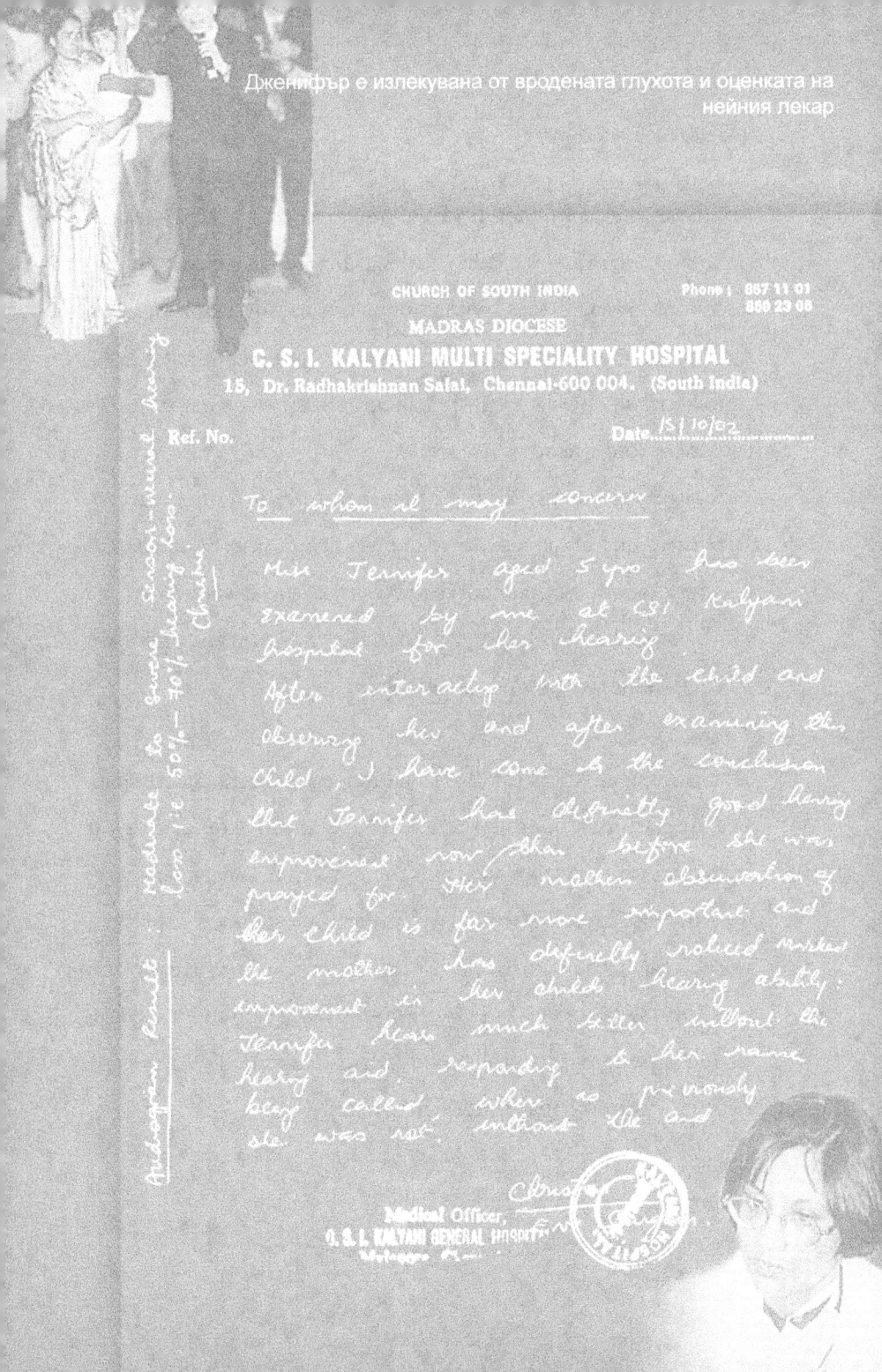

CHURCH OF SOUTH INDIA
MADRAS DIOCESE
C. S. I. KALYANI MULTI SPECIALITY HOSPITAL
15, Dr. Radhakrishnan Salai, Chennai-600 004. (South India)

Phone: 857 11 01
  880 23 06

Ref. No. ....   Date 15/10/02

To whom it may concern

Miss Jennifer aged 5 yrs has been examined by me at CSI Kalyani Hospital for her hearing.

After interacting with the child and observing her and after examining the child, I have come to the conclusion that Jennifer has definitely good hearing improvement now than before she was prayed for. Her mother's observation of her child is far more important and the mother has definitely noticed marked improvement in her child's hearing ability. Jennifer hears much better without the hearing aid, responding to her name being called when as previously she was not, without the aid.

Audiogram Results:
Readings to Pure tone-mean hearing loss is 50% — 70% hearing loss.
— Christu

Medical Officer,
C. S. I. KALYANI GENERAL HOSPITAL

проблем за Дженифър. В последния ден на службата имало много хора и не могли да намерят място до високоговорителите. Случило се нещо изумително. Веднага щом завърших молитвата от амвона, Дженифър казала на майка си, че звукът бил прекалено силен и я помолила да махне слуховия апарат. Алилуя!

Според медицинската диагноза преди изцелението, Дженифър не била способна да чува без помощта на апарат. С други думи, тя била абсолютно глуха, но след молитвата възстановила 30~50 процента от своя слух. Следва оценката на специалист за слуха на Дженифър:

С цел да се прецени слухът на пет-годишната Дженифър, аз я прегледах в болницата C.S.I. Калиани. Говорих с нея и след прегледа стигнах до извод, че в слуха й има значително подобрение след молитвата. Мнението на майка й съвпада с моето. Тя казва същото: слухът на Дженифър значително се е подобрил. В момента Дженифър чува добре без слухов апарат и реагира, когато хората казват името й. Тя не чуваше така без слухов апарат преди молитвата.

Божията сила без съмнение е представена за онези, които вярват искрено. Има множество примери, когато състоянието на пациентите се променя всеки ден ако живеят праведно.

Често пъти, Бог не изцелява напълно слуха на онези, които са били глухи от деца. Ако можеха изведнъж да възстановят слуха си, те не биха могли да понесат всички звуци. Ако хората са загубили слуха си като възрастни, Бог може веднага да ги излекува напълно, защото не би им било толкова трудно да се приспособят към звуците. В тези случаи хората може отначало да са объркани, но след един или два дни, те се успокояват и свикват, че могат да чуват.

През април, 2003 г., по време на пътуването ми в Дубай в Обединените арабски емирства, срещнах 32-годишна жена, която не можеше да говори след боледуване от менингит на две-годишна възраст. Веднага след като получи молитвата ми, тя каза: „Благодаря!" Родителите ѝ казаха, че са минали тридесет години, откакто за последен път я чули да казва „Благодаря".

За да изпитате силата, с която немите проговарят и глухите започват да чуват

В Марко 7:33-35 пише:

„Исус, като го отведе от народа насаме, втъкна пръстите Си в ушите му и като плюна, докосна се до езика му;

и погледна към небето, въздъхна и му каза: Еффата, което значи: Отвори се.

И ушите му се отвориха и връзката на езика му се развърза, и той говореше чисто."

Тук „Еффата" означава „Отвори се" на еврейски език. Когато Христос заповядал с истинския глас на творението, ушите на човека се отворили и езикът му се развързал.

Защо Исус вмъкнал пръстите Си в ушите му преди да каже „Еффата"? Римляни 10:17 гласи: „И така, вярата е от слушане, а слушането - от Христовото слово." Този човек не чувал и за него не било лесно да вярва. Освен това, не той отишъл при Исус да моли изцеление, а другите го завели при Него. Като вмъкнал пръстите Си в ушите му, Христос му помогнал да притежава вяра чрез усещането на допира.

Когато разберем духовното значение, въплътено в сцената, в която Исус показал Божията сила, ще можем и ние да я изпитаме. Какво трябва да предприемем?

Първо трябва да притежаваме вярата, че можем да се излекуваме.

Болният трябва да притежава вяра, макар и слаба. За разлика от епохата на Христос и с напредъка на цивилизацията, има редица средства, включително езика на глухонемите, с които хората, които не чуват, да разберат евангелието. Преди няколко години, всички проповеди в Манмин започнаха да се провеждат и на езика на глухонемите. Проведените служби в миналото също са актуализирани на езика на глухонемите, както и на страницата в интернет.

Чрез много други начини, включително книги, вестници,

списания и електронни записи, вие може да придобиете вяра ако желаете. С вярата ще изпитате Божията сила. Описах някои от случаите на изцеление, за да ви помогна да притежавате вяра.

След това трябва да получим прошка.

Защо Исус плюл и докоснал езика на човека, след като вмъкнал пръстите Си в ушите му? Това в духовен смисъл символизирало покръстването с вода и било необходимо за опрощението на греховете му. Покръстването с вода означава, че чрез Божието слово, чисто като вода, ние ще бъдем очистени от всички грехове. За да изпитаме Божията сила, първо трябва да решим проблема с греха. Вместо да измие човека с вода, Исус я заменил със слюнката Си, което означава опрощението на греховете му. Исая 59:1-2 казва:

„Ето, ръката на Господа не се е скъсила,
за да не може да спаси,
нито ухото Му е затъпяло, за да не може да чува;

но вашите беззакония са ви отлъчили от вашия Бог
и вашите грехове са скрили лицето Му от вас,
и Той не иска да чува."

Както Бог обещал в 2 Летописи 7:14: „и народът Ми, който се нарича с Моето име, се смири и се помоли, и потърси лицето Ми, и се отвърне от нечестивите си пътища, тогава ще послушам от небето, ще простя греха му и ще изцеля земята му", за да получите отговори от Бога, трябва да се вгледате в себе си, да пречистите сърцето си и да се покаете.

За какво трябва да се покаем пред Бога?

Първо, трябва да се покаете, че не сте вярвали в Бога и да приемете Исус Христос. В Йоан 16:9 Христос казва, че Святият дух ще обвини света за грях, за правда и за съд, защото хората не вярват в Него. Трябва да вярвате в Него и да осъзнаете, че неприемането на Господ е грях.

Второ, трябва да се покаете ако не сте обичали братята си. 1 Йоаново 4:11 гласи: „Възлюбени, понеже Бог така ни е възлюбил, то и ние сме длъжни да се обичаме един друг." Ако твоят брат те мрази, по-добре да проявиш толерантност и да му простиш. Трябва да обичаш врага си, да му мислиш доброто и да се поставиш на мястото му. Когато обичате всички хора, Бог също ще прояви състрадание, милост и изцеление.

Трето, трябва да се покаете ако сте мислили само за себе си. Бог не обича хората, които се молят за себе си егоистично и няма да ви отговори. Молете се отсега нататък според волята Му.

Четвърто, трябва да се покаете ако сте се молили със съмнение. В Яков 1:6-7 пише:

„Но да проси с вяра, без да се съмнява ни най-малко; защото който се съмнява, прилича на морски вълни, които се тласкат и блъскат от ветровете.

Такъв човек да не мисли, че ще получи нещо от Господа".

Трябва да се молим с вяра и да Го удовлетворим. Както

пише в Евреи 11:6: "Без вяра не е възможно да се угоди на Бога", отхвърлете съмненията и се молете с вяра.

Пето, трябва да се покаете ако не сте спазвали Божиите заповеди. Христос казва в Йоан 14:21: „Който има Моите заповеди и ги пази, той Ме обича; а който Ме обича, ще бъде възлюбен от Моя Отец и Аз ще го възлюбя, и ще му се явя лично." Покажете любовта си към Бога като спазвате заповедите Му, за да получите отговори. Понякога вярващите претърпяват автомобилни катастрофи, защото не са спазвали свят Божия ден или не са плащали десятъка. Не спазват основните правила за християните, десетте заповеди и не се намират под Божията закрила. Някои вярващи, които предано спазват заповедите, претърпяват катастрофи от грешки, но Бог ги пази. В тези случаи хората оцеляват, защото Бог ги обича и им показва доказателство за любовта Си.

Болните, които не са познавали Бога, често получават изцеление след молитва, защото идват в църквата с вяра и Бог действа в тях. Въпреки това, ако хората вярват и знаят истината, но не спазват Божиите заповеди и не живеят праведно, възниква стена между тях и Бога и не могат да се излекуват. Бог изцелява невярващите по време на служби в чужбина, защото идолопоклонниците чуват новините и посещават мисиите, което се счита за вяра в очите на Бога.

Шесто, трябва да се покаете ако не сте посяли. В Галатяни 6:7 пише: „Недейте се лъга; Бог не е за подиграване: понеже каквото посее човек, това и ще пожъне." Посещавайте редовно службите, за да изпитате Божията сила. Не забравяйте, че ако посадите с тялото си, ще получите благословии за здраве, а ако посадите с богатство, ще получите благословии за благополучие. Покайте се ако сте искали да пожънете без да посеете.

1 Йоаново 1:9 казва: „Но ако ходим в светлината, както е Той в светлината, имаме общение един с друг и кръвта на Сина Му Исус Христос ни очиства от всеки грях. Признание за нашия грях

Ако кажем, че нямаме грях, лъжем себе си и истината не е в нас. Ако изповядваме греховете си, Той е верен и праведен да ни прости греховете и да ни очисти от всяка неправда."

Вижте себе си, покайте се и вървете в светлината.

Нека имате Божията милост, да получите всичко, което искате, не само благословии за здраве, но и благословии във всички области на живота, моля се в името на Исус Христос!

Послание 9
Неизменното Божие провидение

Второзаконие 26:16-19

„Днес Господ, твоят Бог, ти заповядва да изпълняваш тези наредби и закони; затова, пази ги и ги изпълнявай с цялото си сърце и с цялата си душа. Днес ти си заявил, че Йехова е твоят Бог и че ще ходиш в Неговите пътища, ще пазиш наредбите Му, заповедите Му и законите Му и ще слушаш Неговия глас;
а Господ днес е заявил, че ти ще бъдеш Негов народ, както ти е обещал, за да пазиш всичките Му заповеди
и за да те постави по-високо от всички народи, които е създал, за похвала, за слава и за почит, и за да бъдете свят народ на Господа, твоя Бог, според Неговите думи."

Ако питаме хората коя любов за тях е най-скъпа, мнозина ще изберат любовта на родителите, особено майчината любов. В Исая 49:15 четем: „Може ли жена да забрави сучещото си дете, за да не се смили над детето на утробата си? Обаче те, дори и да забравят, аз все пак няма да те забравя." Божията любов е несравнима с любовта на майката към детето.

Богът на любовта иска всички хора да бъдат спасени, да се радват на вечен живот, на благословии и удоволствия на небето. Ето защо Той спасява децата Си от изпитания и страдания и желае да им даде всичко, за което се молят. Бог ни води към благословен живот на земята и във вечността.

Чрез силата и пророчествата, които Бог ни представя с любовта Си, ще разгледаме Божието провидение за Централната църква Манмин.

Божията любов иска да спаси всички души

В 2 Петрово 3:3-4 е записано:

„Преди всичко знайте това, че в последните дни ще дойдат присмиватели, които с подигравките си ще ходят по своите страсти и ще казват:

Къде е обещаното Му пришествие? Защото откакто са починали бащите ни, всичко си стои така, както от началото на създанието."

Мнозина не биха повярвали ако им разкажем за края на света. Слънцето винаги изгрява и залязва, хората винаги се раждат и умират и цивилизацията винаги напредва, ето защо хората мислят, че всичко ще продължава вечно.

Историята на човечеството, подобно на човешкия живот, има начало и край. В часа на Божия избор целият свят ще свърши. Всички хора, живяли след Адам ще бъдат съдени. Човек ще отиде в рая или в ада според земния си живот.

Хората, които вярват в Исус Христос и живеят праведно,

ще отидат в рая. Хората, които не вярват дори и след тяхното покръстване, грешниците, които извършват злини, дори и да изповядат вярата си, ще отидат в ада. Стремежът на Бог е бързото разпространение на евангелието по света, за да може повече души да получат спасение.

Божията сила се разпространява в края на света

Това е основната причина за създаването на Централната църква Манмин и за представянето в нея на удивителната Божия сила, служеща за доказателство за Неговото съществуване, за да просвети хората за същността на рая и ада. Исус казва в Йоан 4:48: „Ако не видите знамения и чудеса, никак няма да повярвате." В епохата, в която грехът и злото изобилстват и с напредъка на науката, силата е още по-необходима за събуждането на хората. В края на света, Бог мобилизира Манмин и я благославя с нарастваща сила.

Развитието на човечеството, което Бог е предвидил, също наближава своя край. До часа на Божия избор, силата е необходимо средство за спасението на всички достойни хора. Само чрез силата повече хора ще достигнат спасение.

Поради постоянно преследване и гонение, в някои страни е изключително трудно разпространението на евангелието и там има много хора, които не са чули за него. Дори сред онези, които проповядват вяра в Бога, броят на хората с истинска вяра не е голям. В Лука 18:8 Исус казва: „Казвам ви, че ще им отдаде правото скоро. Обаче, когато дойде Човешкият Син, ще намери ли вяра на земята?" Много хора ходят на църква, но продължават да живеят в грях.

Хората, изпитали Божията сила в онези страни по света, в които Християнството е преследвано, не се страхуват да вярват и проповядват евангелието. Живеещите в грях без вяра, сега имат сили да спазват словото Му след като са изпитали лично Божията сила.

В някои от мисиите в чужбина съм посещавал страни, в които е забранено разпространението и проповядването на евангелието и преследват църквата. Видях лично в такива мюсюлмански страни като Пакистан и Обединените

Арабски Емирства, както и в индуска Индия, че при представянето на доказателства за съществуването на живия Бог, много хора сменят вярата си и постигат спасение. Дори и да са били идолопоклонници, след като изпитат Божията сила, хората приемат Исус Христос без да се страхуват от легални последици. Това показва величината на Божията сила.

Както фермерът жъне реколтата, Бог представя удивителна сила, за да пожъне всички души, които да бъдат спасени в последните дни.

Знамения за края на света, записани в Библията

Според Божието слово, записано в Библията, можем да кажем, че времето в което живеем се доближава до последните дни на света. Бог не ни е казал точната дата и час за свършването на света, но е дал достатъчно информация, за да ги предположим. Така, както можем да кажем, че ще вали дъжд, когато се съберат облаци, историята се развива по такъв начин, че знаменията от Библията ни помагат да предвидим кога ще дойдат последните дни.

Например, в Лука 21 пише: „И когато чуете за войни и размирици, да не се уплашите; защото тези неща трябва първо да станат, но не е веднага краят." (стих 9) и „И ще има големи трусове и в разни места глад и мор; ще има и ужаси и големи знамения от небето." (стих 11).

В 2 Тимотей 3:1-5 четем следното:

„А това да знаеш, че в последните дни ще настанат усилни времена.

Защото човеците ще бъдат себелюбиви, сребролюбиви, надменни, горделиви, хулители, непокорни на родителите, неблагодарни, нечестиви,

без семейна обич, непримирими, клеветници, невъздържани, свирепи, неприятели на доброто, предатели, буйни, надути, повече обзети от сладострастие, отколкото от страст към Бога, имащи вид на благочестие, но отречени от силата му; също такива отбягвай."

Има много знамения и катастрофи в целия свят, а в днешно време сърцата и мислите на хората стават все по-злонамерени. Всяка седмица получавам извадка от новините и инцидентите и техният брой расте непрекъснато. Това означава колко много бедствия, катастрофи и престъпления стават по света.

Хората вече не са чувствителни към тези събития и катастрофи, както преди. Те редовно слушат подобни истории и свикват с тях. Болшинството не гледа сериозно на тежките престъпления, войните, природните бедствия и страданията, които ги следват. Въпреки че изпълват заглавията на медиите, ако не са засегнати лично или не се случват на близки и роднини, за повечето хора новините нямат голямо значение и скоро забравят за тях.

Будните хора и хората, които общуват с Бога са единодушни, че според развитието на историята предстои Второто пришествие.

Пророчествата за края на света и Божието провидение за Централната църква Манмин

Чрез пророчествата на Бога, разкрити в Манмин, можем да кажем, че наистина идва краят на света. От основаването на Манмин до днешен ден, Бог е предсказвал резултатите от президентски и парламентарни избори, смъртта на важни и добре известни личности в Корея и в чужбина и много други събития, които оформят човешката история.

В много случаи съм разкривал тази информация като акроними в ежеседмичните църковни бюлетини. Ако съдържанието им е било прекалено тежко, аз го разкривах само на определени хора. В последните години, няколко пъти проповядвах от амвона откровения за събития в Северна Корея, САЩ и други страни по света.

Повечето пророчества се сбъднаха според казаното, а онези, които още не са се сбъднали, засягат настоящи или бъдещи събития. Забележим е фактът, че повечето пророчества, засягащи предстоящи събития, се отнасят за последните дни. Сред тях е Божието провидение за Централната църква Манмин и ще разгледаме някои от тях.

Първото пророчество засяга отношенията между Южна и Северна Корея.

От основаването на църквата Манмин, Бог разкри значителна информация за Северна Корея, където трябва да проповядваме евангелието в последните дни. През 1983 г., Бог ни предсказа за срещата между лидерите на Северна и Южна Корея и нейните последствия. Малко след тази среща, Северна Корея отвори временно врати към света, но това не продължи дълго. Бог ни каза, че с отварянето на Северна Корея, в страната ще навлязат евангелието и Божията сила и хората ще станат християни. Бог каза да не забравяме, че Второто пришествие наближава с общуването между двете страни. Тъй като Бог ми нареди да пазя в тайна общуването между двете държави, аз все още не мога да разкрия тази информация.

Както повечето от вас знаят, през 2000 година бе

проведена среща между лидерите на двете държави. Може би предполагате, че Северна Корея под натиска на международните сили, скоро ще отвори вратите си.

Второто пророчество засяга призива за световната мисия

Бог е подготвил за Манмин редица международни мисии, в които участват десетки, стотици хиляди хора и ни е благословил да разпространяваме евангелието по света. Те включват мисията за разпространение на светото евангелие в Уганда, предавана в целия свят с Cable News Network (CNN); мисията за изцеление в Пакистан, която разтърси мюсюлманския свят и отвори вратите за мисионерски дейности в Близкия Изток; мисията за разпространение на светото евангелие в Кения, когато бяха излекувани многобройни болести, включително СПИН; обединената мисия за изцеление във Филипините, където Божията сила бе представена внушително; мисията за изцеление в Хондурас, която предизвика урагана на Святия дух и мисията за изцеление в Индия, най-голямата индуска държава на света, на която присъстваха над три милиона души през четири-дневната служба. Всички тези мисии послужиха като трамплин за навлизането на Манмин в Израел – последната дестинация.

Според Своя велик план за развитие на човечеството, Бог създал Адам и Ева. На земята започнал живот и хората се размножавали. Сред много народи Бог избрал една нация, израелтяните - потомците на Яков. Чрез историята за израелтяните, Бог искал да разкрие провидението Си за развитието на човечеството не само на Израел, но и на всички хора по света. Израелтяните служат като образец за развитието на човечеството, а историята на Израел, управлявана от Самия Бог, не е само национална история, но и посланието Му за всички хора. Преди да завърши развитието на човечеството, което започнало с Адам, Бог искал евангелието да се завърне в Израел, откъдето излязло. Въпреки всичко, изключително трудно е в Израел да се проведе християнско събиране или да се разпространява евангелието. Представянето на Божията сила, способна да разтърси небето и земята, е необходима в Израел и изпълнението на тази част от Божието провидение е мисията, определена за Манмин в последните дни.

С Исус Христос Бог е изпълнил провидението за спасението на човечеството и всеки, който приеме Исус за свой спасител, ще получи вечен живот. Въпреки това, Божиите избраници – израелтяните не разпознали Христос като Месия. Дори и в момента, когато децата Му се възнесат във въздуха, хората на Израел няма да са разбрали провидението за спасението чрез Исус Христос.

В последните дни Бог иска израелтяните да се покаят и да приемат Христос за свой спасител, за да бъдат спасени. Ето защо Бог позволил светото евангелие да навлезе и да се разпространява в Израел чрез мисията, възложена на Манмин. След като са постигнати значителни предпоставки за мисионерска работа в Близкия Изток през април, 2003 г., според Божията воля Манмин ще извърши специална подготовка за Израел и за постигане на Божието провидение.

Третото пророчество засяга построяването на Велик храм

Скоро след основаването на Манмин, според Неговото провидение за последните дни, Бог ни възложи мисия за построяването на Велик храм, който да разкрие Божията слава на всички хора по света.

По времето на Стария завет било възможно постигането на спасение чрез дела. Макар и сърцата на хората да не били пречистени от греха, достатъчно било да не извършват грях, за да бъдат спасени. В храма от времето на Стария завет хората възхвалявали Бога само с дела, както повелявал законът.

По времето на Новия завет дошъл Исус и изпълнил закона с любов и чрез вярата ни в Исус Христос ще получим спасение. Желаният от Бога храм в епохата на Новия завет ще бъде построен не само с дела, но и от сърце. Този храм ще бъде построен от истинските деца на Бога, които са отхвърлили греха с чисти сърца и с любовта си към Него. Ето защо Бог позволил разрушението на храма от времето на

Стария завет и искал построяването на нов храм с ново духовно значение.

Хората, които ще строят храма трябва да бъдат подходящи в очите на Бога. Те трябва да бъдат Божи деца с пречистени сърца и изпълнени с вяра, надежда и любов. Когато Бог види построения от Неговите деца храм, Той ще бъде доволен не само от вида му. С Великия храм Той ще си спомни процеса на неговото изграждане и всяко едно от истинските Божи деца, които са плод на сълзите Му, Неговото пожертвование и търпение.

Великият храм има дълбок смисъл. Той ще служи като монумент за развитието на човечеството и като символ за Божието удовлетворение след пожънването на добра реколта. Построен е в последните дни, защото представлява проект на паметна сграда за разкритие на Божието величие на всички хора по света. С 600 метра (около 1970 фута) диаметър и седемдесет метра (230 фута) височина, Великият храм е масивна сграда, която ще бъде построена от красиви, рядко-срещани и ценни материали и всяка част от

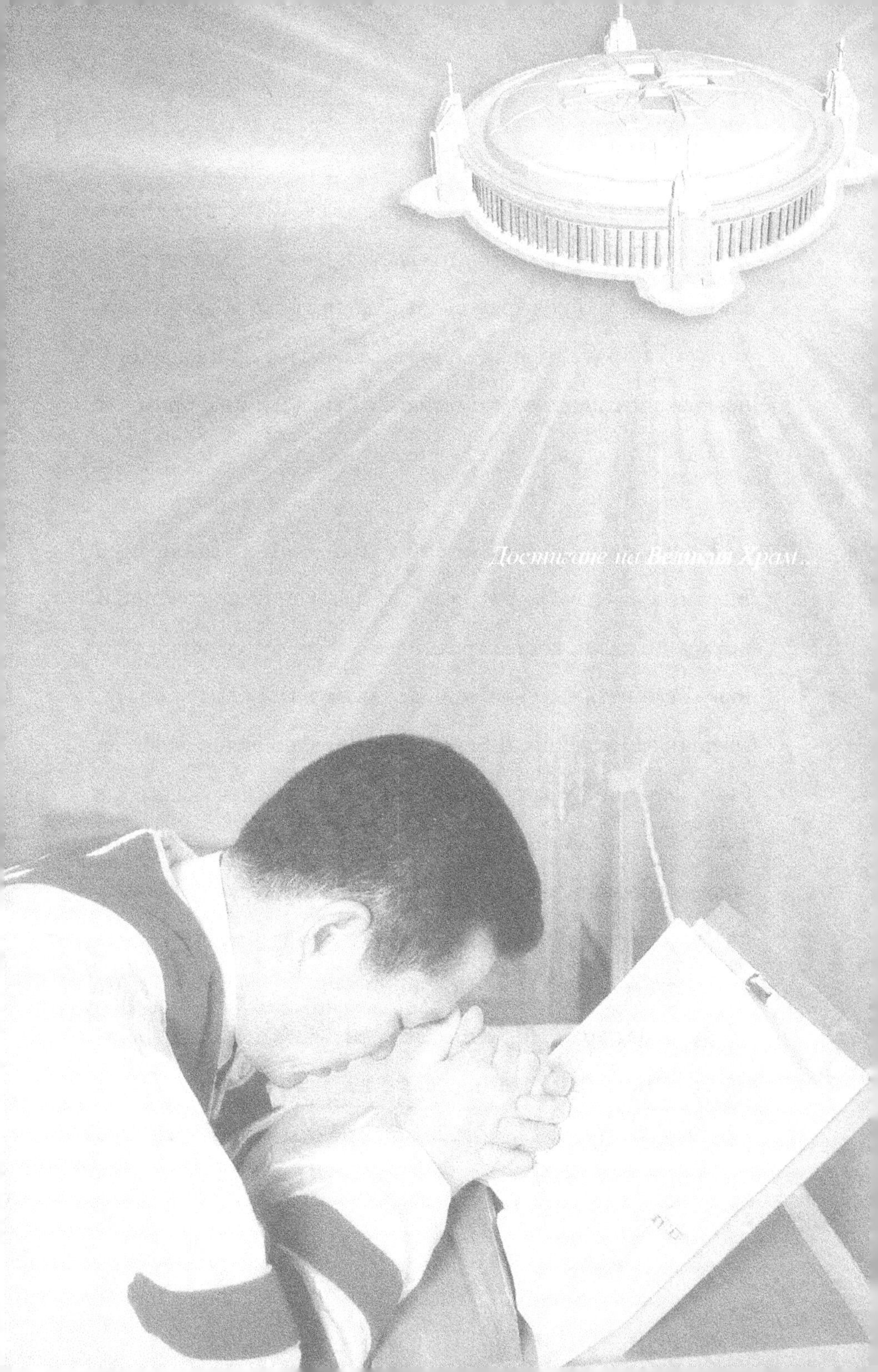

Достигане на Великия Храм...

структурата и декорацията ще отразява величието на Новия Ерусалем, шест-дневното създаване и Божието могъщество. Гледката на Великия храм ще бъде достатъчна, за да принуди хората да почувстват величието и славата на Бога. Дори невярващите ще бъдат захласнати от вида му и ще признаят славата Му.

Изграждането на Великия храм е подготовката на Ноевия ковчег, в който голям брой души ще бъдат спасени. В последните дни, когато грехът и злото преобладават, както във времената на Ной, във Великия храм идват хората, считани за достойни от Бога, които вярват в Него и могат да бъдат спасени. Хората ще чуят за Божията сила и слава и ще дойдат да видят сами. Тогава ще бъдат представени доказателствата за Бога. Хората ще научат също за тайните на духовното царство и волята Му, който желае да има истински деца по Негово подобие.

Великият храм ще служи като център от последната фаза на световното проповядване на евангелието преди пришествието на Христос. Бог предаде на Манмин, че когато настъпи часът за построяване на Великия храм, Той ще накара царете и заможните хора да подпомогнат изграждането.

От основаването на църквата, Бог е разкрил пророчества за нея и за последните дни. Дори и до днешен ден, Той продължава да представя нарастващата сила и да спазва словото. През цялата история на църквата, Бог ръководи Манмин, за да постигне провидението Му. До завръщането на Господ, Той ще ни води за изпълнението на всички задачи, които ни е възложил и за разкриването на Божието величие по целия свят.

В Йоан 14:11 Христос ни казва: „Вярвайте Ми, че Аз съм в Отца и че Отец е в Мен; или пък Ми вярвайте поради самите дела." Във Второзаконие 18:22 четем: „Когато някой пророк говори от Господнето име и словото му не се сбъдне, това слово Господ не е говорил; пророкът го е говорил своеволно; да не се боиш от него."

Надявам се да разберете Божието провидение чрез силата и пророчествата, представени и разкрити в Централната църква Манмин.

За постигане на провидението Му чрез Централната църква Манмин през последните дни, Бог не е дал сила на църквата изведнъж. Той ни подготвя повече от двадесет години. Подобно на изкачването по висока и стръмна планина и плаването по големите вълни на бурно море, Той многократно ни води сред изпитания и чрез хората, издържали неволите с вяра, подготви съд за изпълнение на световната мисия.

Това се отнася за всеки от вас. Вярата, с която човек може да влезе в Нов Ерусалим, не се създава изведнъж; винаги трябва да сте будни и подготвени за завръщането на Господ. Преди всичко, разрушете всички стени на греха и с неизменна и страстна вяра тичайте към небето. Когато вървите напред с постоянна решителност, Бог несъмнено ще благослови душата ви и ще даде отговор на желанията ви. Бог ще ви дари с духовни качества и власт, с които да послужите като ценен съд за провидението Му през последните дни.

Нека всеки от вас пази вярата си до завръщането на Господ и повторната среща във вечния рай и в града Нов Ерусалем, моля се в името на Исус Христос!

Авторът
Д-р Джейрок Лий

Д-р Джерок Лий е роден в Муан, провинция Джионам, република Корея, през 1943 година. На двадесет години д-р Лий започва да страда от различни неизлечими болести и в продължение на седем години живее в очакване на смъртта, без надежда за оздравяване. Един ден, през пролетта на 1974 г., сестра му го завежда в една църква и когато той коленичи да се помоли, живият Бог незабавно го изцелява от всички болести.

От момента в който д-р Лий опознава живия Бог чрез това прекрасно преживяване, той започва да Го обича с цялото си сърце и душа и през 1978 година е призован да стане Божи служител. Моли се пламенно, за да може ясно да разбере и изпълни Божията воля и да се подчинява безпрекословно на Божието слово. През 1982 г. основава Централната църква Манмин в Сеул, Южна Корея, където започват да се извършват безброй Божии дела, включително чудотворни изцеления и чудеса.

През 1986 г. д-р Лий е ръкоположен за пастор на годишната среща на Святата корейска църква на Исус, а четири години по-късно, през 1990 г., неговите проповеди започват да се излъчват в Австралия, Русия, Филипините и много други страни чрез далекоизточната радиопредавателна компания, азиатската радиостанция и вашингтонското християнско радио.

Три години по-късно, през 1993 г., Централната църква Манмин е избрана от списание Християнски свят (САЩ) като една от 50-те водещи световни църкви и той получава титлата почетен доктор по богословие от Християнския колеж във Флорида, САЩ. През 1996 г. д-р Лий защитава докторат по християнско духовенство от Теологичната семинария Кингсуей, Айова, САЩ.

От 1993 година д-р Лий заема водещо място в световното християнско духовенство чрез участието си в редица международни инициативи в Лос Анжелис, Балтимор и Ню Йорк (САЩ), Танзания, Аржентина, Уганда, Япония, Пакистан, Кения, Филипините, Хондурас, Индия, Русия, Германия, Перу и Демократична република Конго, а през 2002 г. е обявен за «световен пастор» от главните християнски вестници в Корея благодарение на своето участие в различни международни мисии.

От февруари, 2008 година паството на Централната църква Манмин наброява над 100 000 члена и 7 800 национални и чуждестранни църковни представителства в целия свят. Досега е изпратила повече от 126 мисионери във 25 страни, включително в САЩ, Русия, Германия, Канада, Япония, Китай, Франция, Индия, Кения и много други.

Досега д-р Лий е написал 39 книги, включително бестселърите «Опитване на вечния живот преди смъртта», «Моят живот, моята вяра», «Посланието на кръста», «Мярката на вярата», «Небето I и II», «Адът» и «Божията сила». Книгите му са преведени на повече от 25 езика.

Понастоящем д-р Лий е ръководител на редица мисионерски организации и асоциации. Той е председател на Обединената свята църква на Корея, президент на вестника за национална евангелизация, президент на Световната мисия на Манмин, основател на телевизията Манмин, основател и председател на съвета на Глобалната християнска мрежа (GCN), основател и председател на съвета на Световната мрежа на християнските лекари (WCDN) и основател и председател на съвета на Международната семинария Манмин (MIS).

Други могъщи книги от същия автор

Небето I & II

Подробно описание на великолепната среда, на която се радват небесните жители и красиво описание на различните равнища на небесното царство.

Моят живот Моята вяра I & II

Най-благоуханен духовен аромат от живота, разцъфтял с несравнима любов към Бога сред тъмни вълни, тежък гнет и най-дълбоко отчаяние.

Опитване на вечния живот преди смъртта

Мемоари на преподобния Д-р Джейрок Лий, който бил прероден и спасен от долината на смъртта и от тогава води примерен християнски живот.

Мярката на вярата

Какво обиталище, каква корона и какви награди са подготвени за Вас на небето? Тази книга дарява с мъдрост и Ви ръководи, за да премерите вярата си и да добиете най-добрата и зряла вяра.

Ад

Страстно послание до цялото човечество от Бога, който не иска нито една душа да не попадне в дълбините на Ада! Ще откриете неописаната досега жестока действителност на Чистилището и Ада.

www.urimbooks.com

www.ingramcontent.com/pod-product-compliance
Lightning Source LLC
LaVergne TN
LVHW021813060526
838201LV00058B/3364